RENÉ DE MARICOURT

SOUVENIRS

D'UN

GARIBALDIEN

(CAMPAGNE DE 1870-71)

Imité de l'italien d'après ACHILLE BIZZONI

(Avec autorisation de l'Auteur)

PARIS

LIBRAIRIE DE FIRMIN-DIDOT ET Cⁱᵉ
IMPRIMEURS DE L'INSTITUT, RUE JACOB, 56

SOUVENIRS

D'UN

GARIBALDIEN

1916

TYPOGRAPHIE FIRMIN-DIDOT ET Cie. — MESNIL (EURE)

RENÉ DE MARICOURT

SOUVENIRS

D'UN

GARIBALDIEN

(CAMPAGNE DE 1870-71)

Imité de l'italien d'après ACHILLE BIZZONI

(Avec autorisation de l'Auteur)

PARIS

LIBRAIRIE DE FIRMIN-DIDOT ET Cⁱᵉ

IMPRIMEURS DE L'INSTITUT, RUE JACOB, 56

1892

SOUVENIRS
D'UN GARIBALDIEN.

CHAPITRE PREMIER.

Après divers incidents, l'auteur arrive à la frontière et c'est là que la narration commence.

— Votre passeport, *citoyen,* s'il vous plaît.

Cette appellation m'étonna, mais ne m'empêcha pas de répondre :

— Voilà mon passeport, *citoyen* gendarme (1).

Après l'avoir minutieusement observé, comme le bon gendarme confondait la croix de Savoie avec la croix de la Convention internationale de Genève, je dus moi-même lui traduire mon

(1) Ceci se passe après Sedan, sous le gouvernement de la Défense nationale.

passeport en indiquant les majuscules qui formaient le nom de Victor-Emmanuel.

— Vous êtes donc garibaldien? Tiens, moi qui vous croyais médecin de Genève! M. Ricciotti (fils de Garibaldi) a passé par ici avant-hier.

Et sur ce, des politesses à n'en plus finir. Le fait est que nous vidâmes ensemble, au buffet, un petit verre de cognac à la santé de la République.

Mon ami, le citoyen gendarme, ses collègues, et une bonne partie des employés civils ou militaires d'un pays, ressemblent aux canons d'un port qui saluent tous les drapeaux.

— Ma foi! j'aimais bien l'Empereur; mais si la France veut de la République, mon métier est d'obéir à la nation.

L'observation était trop sensée pour que je ne trinquasse pas avec ce brave homme, en abusant du mot « ami » que les Français prodiguent dans leur langue caressante comme celle des sirènes.

Il y a en français, certaines phrases stéréotypées qui s'appliquent à des circonstances données. Dans ce pays-là on pousse la politesse si loin que le bourreau, paraît-il, en laissant tomber le couperet ne manque pas de dire au patient : s'il vous plaît (1).

Quoi qu'il en soit, mon bon gendarme se chargea de prendre les informations qui m'étaient nécessaires. On ne délivrait de billets que pour Pontarlier. Peut-être le chemin de fer allait-il plus loin, mais on ne pouvait rien garantir.

Je montai donc en wagon; le train partit avec une allure de procession aux jours de grande fête. On arriva cependant.

La station était encombrée de soldats. Il tombait une petite pluie fine, et ces pauvres défenseurs de la France campaient dans la fange, tout trempés, éreintés et grelottants. Au lieu d'être réunis en faisceau, leurs chassepots, rouges de rouille, gisaient épars dans la boue. Les uniformes étaient variés, mais tous avaient une teinte sale et terreuse que l'artiste chercherait en vain à reproduire. C'était un bar-

(1) Il est presque inutile de faire observer que nous accusons les Italiens d'abuser des formules cérémonieuses et de multiplier les titres honorifiques.

bouillage indécis de bleu, de jaune, de vert et de rouge, fidèle image des partis qui se divisaient ce malheureux pays.

Je n'avais pas déjeuné et il fallait m'approcher du restaurant assailli par une foule compacte de francs-tireurs, mobiles et réguliers.

Traverser cette fourmilière n'était pas chose commode. Je devais faire une trouée au milieu de tous ces soldats improvisés. Or, improviser des soldats est plus facile qu'improviser un déjeuner. Ugolin en a su quelque chose.

Au comptoir trônaient, comme les trois grâces, trois jeunes filles; blonde, rousse et brune. Pour obtenir un morceau de pain, il fallait recourir à l'une d'elles, la conjurer, l'attendrir, et souvent partir avec la sacoche vide en se contentant de ces mots : « Il n'y a plus rien, Monsieur, » prononcés d'une façon toute gracieuse.

Le buffet ressemblait à un château pris d'assaut et démantelé. On n'y voyait qu'assiettes et bouteilles vides, comme si l'ennemi eût déjà passé par là. En empruntant le style de Victor Hugo, on aurait pu dire que c'étaient les fian-

çailles du Chaos et de la Misère avec la Destruc-
tion et la Faim pour témoins.

Il fait toujours bon se distinguer, soit en bien,
soit en mal, de la foule, pour n'être pas con-
fondu avec elle. En temps de paix, les militaires
ont cet avantage ; mais en guerre c'est le contraire qui a lieu. Dans le cas actuel, un civil au
milieu de l'armée française ne pouvait être
qu'un personnage important ou un espion prussien : la roche Tarpéienne ou le Capitole, pas de
milieu. Presque aussi heureux que le roi d'Italie,
j'arrivai au Capitole (1).

La brune, quand je me présentai au comptoir,
m'honora d'un demi-sourire ; la rousse me salua et enfin la blonde daigna me demander ce
que je voulais.

— De quoi déjeuner.

— Vite, vite, entrez dans la salle, sans que
l'on vous voie. — Et elle me poussa dans un cor-
ridor sombre, aboutissant d'un côté à la cuisine,
de l'autre à une sorte de cabinet ou je trouvai

(1) Allusion à l'excessive facilité avec laquelle Victor-Emmanuel a pu réunir les divers États constituant actuellement la
monarchie italienne.

une table préparée autour de laquelle plusieurs voyageurs attendaient. Parmi eux, une jeune dame, un officier de mobiles, et un adolescent portant le costume bizarre des francs-tireurs bretons. On me rendit mon salut et je m'assis.

— A la guerre comme à la guerre ! — me dit un vieux monsieur portant une large cravate et une longue redingote noire. Il m'indiqua la table où il y n'avait encore que quelques petits pains.

On finit par nous apporter une soupière pleine d'un bouillon transparent comme la mer dans le golfe de Sorrente, puis de l'agneau, ensuite du fromage, et puis ce fut tout.

La conversation s'engagea, et je demandai à l'officier de mobiles à quelle armée il appartenait.

— A l'armée de la Loire, dit-il.

Et je me rappelai les brillantes armées françaises, les longues files de tentes alignées comme des allées de peupliers qui blanchissaient nos plaines de Lombardie en 1859. Je me rappelai les régiments compacts de cavalerie qui traversant nos campagnes et soulevant des nuages

de poussière, épouvantaient les armées autri-
chiennes. En un moment je revis tout le passé
de cette pauvre France écrasée à la suite de
deux batailles perdues!

On parla politique. Le vieux monsieur à
grande redingote, qui appartenait à cette école
de Prudhommes qu'a fait éclore le règne de
Louis-Philippe, dit des balourdises qui m'aga-
cèrent les nerfs, et je quittai Pontarlier.

J'espérais arriver jusqu'à Dôle; mais le train
s'arrêta à Mouchard. Je vous fais grâce des
mauvais calembours qui furent commis à cette
occasion. Au lieu d'aller sur Dôle, je partis
pour Lons-le-Saulnier, où j'espérais avoir des
nouvelles de Garibaldi. J'y arrivai la nuit par
une pluie battante. Aux abords de la gare, sur
un fond brumeux, je vis une longue file de feux
allumés éclairant les visages enfantins de soldats groupés en cercles autour des brasiers en-
flammés.

Étaient-ce des mobilisés, des francs-tireurs, des
compagnies de marche? Tout ce que je puis
dire, c'est qu'ils étaient à peine vêtus d'une
légère vareuse bleue, comme celle que portent

les gardes nationaux de nos plus pauvres villages, les paysans français et les ouvriers de
Paris. Voilà donc tout ce qu'ils avaient pour se
garantir du froid et de la pluie? De pauvres
jeunes gens ignorant les fatigues de la guerre,
depuis quinze jours arrachés à leurs départements, était-ce là ce que la France pouvait opposer aux régiments épais et disciplinés du roi
Guillaume? Et si encore ils avaient eu des officiers! mais les chefs n'en savaient pas plus que
les soldats.

Enfin, au bout de deux jours, j'arrivai à Autun. En descendant de l'omnibus de l'hôtel de
la Poste, je fus enchanté de rencontrer le visage
d'un de mes vieux compagnons d'armes, coiffé
d'un képi rouge.

— Nous t'attendions, Fortunio! Mieux vaut
tard que jamais.

— Et les amis?

— Ils sont ici tous.

— Et le général?

— Également.

Il m'offrit l'hospitalité dans sa propre chambre; la soirée fut consacrée à fêter mon arrivée.

On échangea force nouvelles de part et d'autre.

Le général Menotti, auquel je fus présenté, m'incorpora immédiatement dans sa brigade. Enfin, il fallut se séparer et à onze heures j'étais couché. Je fus réveillé par l'ordonnance de mon ami Galeazzi, qui, sous prétexte de nettoyer mes vêtements, faisait un tapage capable de réveiller la Belle au bois dormant.

— Qu'est-ce qu'il y a donc? demandai-je.

— Il y a qu'il est temps de se lever, répondit Galeazzi, très péniblement occupé à entrer dans ses énormes bottes.

— Comment cela? mais il fait encore nuit.

— Il est quatre heures; le général est debout. Menotti ne badine pas avec les paresseux.

Adieu, moelleux édredon! Je sortis du lit une jambe que l'impression du froid fit rentrer comme les cornes du colimaçon, puis prenant une détermination héroïque, je bondis au milieu de la chambre; au bout d'une demi-heure, j'étais avec mon ami dans la rue. Ses éperons formidables résonnaient comme si, à chaque pas, il eût laissé tomber sur le pavé une pièce de cinq francs.

1.

Je compris que Gambetta faisait bien d'obliger les cafés de fermer à dix heures, mais du moins il eût dû les autoriser à s'ouvrir dès le matin. C'est en vain que je cherchai un bouge quelconque pour y trouver cette boisson noirâtre que les limonadiers d'Autun appellent *café* quand ils la versent dans une tasse, et *mazagran* dans un verre.

Mon ami me dit ne ne pas m'inquiéter, car à l'hôtel de la sous-préfecture où logeait Garibaldi, son ordonnance Eugenio se chargeait du café pour tout le quartier général.

— Qui vive? cria la sentinelle.

— France! répondit Galeazzi, et nous entrâmes à la sous-préfecture. Quoique l'aube ne blanchît pas encore à l'horizon, chacun était levé. Les officiers groupés autour de la grande cheminée, où brûlait un feu digne d'un château du moyen âge, causaient à voix basse; d'autres, chargés d'ordres ou de dépêches, allaient et venaient. Là je rencontrai encore de vieilles connaissances, et je fus reçu par le général qui me demanda des nouvelles du pays.

Le jour même, attaché à l'état-major de Menotti, je me trouvai, pour ainsi dire, en famille avec le capitaine Sant'Ambrogio faisant fonction de chef d'état-major; Baghino, mon petit ami Canessa de Gênes, Bonomi de Rome; et je pus apprécier l'extrême affabilité de notre général.

L'état-major logeait dans une sorte de chalet au toit pointu, aux persiennes couleur d'espérance, une de ces charmantes maisonnettes qui doivent se présenter dans les rêves des bohèmes. On m'assigna une petite chambre élégante à grands rideaux aux plis moelleux, à travers lesquels la lune entrait silencieuse et discrète pour se poser sur les murailles garnies d'étoffes capitonnées.

Mon premier devoir était d'échanger les vêtements du pacifique citoyen contre ceux du guerrier, substituer un képi au chapeau de haute forme, un manteau au pardessus, une chemise rouge au paletot, de grosses bottes à mes bottines de citadin, un sabre à l'inoffensif parapluie, enfin un revolver à ma montre.

Mais dans Autun il y a peu de tailleurs militaires et plus de sabotiers que de bottiers. Bref, on me promit la vareuse rouge dans 5 jours, le manteau dans 6; le képi ne m'arriverait que le vendredi. Les arquebusiers ont bien des carabines Flobert, mais de sabres et de revolvers, point. Le marchand d'éperons attend une fourniture de Paris, et comme Paris est bloqué, on attendra jusqu'à la fin de la guerre.

Grâce à Dieu, j'avais eu la pensée d'emballer dans ma valise mes belles bottes luisantes qui, après avoir fait l'admiration des bonnes d'enfants sur le cours Victor-Emmanuel, devaient se déchirer dans les forêts de la Côte-d'Or.

Quant au revolver, mon ami Scotti m'en avait donné un.

Avec un revolver et des bottes j'étais en bonne voie pour devenir un officier sérieux.

« A cheval maintenant! » A cheval, soit, mais c'est bientôt dit. Tous les livres de cuisine affirment que pour faire un civet, il faut un lièvre, un lapin ou du moins un chat; de même pour monter un officier d'état-major, il faut un cheval, un mulet ou, à la dernière extrémité, la modeste monture de Sancho Pança.

Baghino m'assura qu'il avait gardé pour moi un coursier superbe; il se trouva que c'était une vieille jument poussive et incapable de marcher.

Mes amis m'engagèrent à l'appeler La *Tortue*, d'autres *Le Colimaçon*.

Sellée en compagnie de trois autres chevaux, elle attendait son nouveau maître. Le général Menotti montait avec nous. Croyant qu'il s'agissait d'une cavalcade de quelques heures pour une visite aux avant-postes, sans scrupule, j'empruntai le képi du capitaine Sant'Ambrogio et le manteau gris de Galeazzi. Mais l'homme propose et Dieu dispose. L'absence de quelques heures dura sept ou huit jours.

Galeazzi, privé de manteau, tomba malade; car la neige et la pluie se succédèrent sans relâche. Sant'Ambrogio se confina chez lui, n'osant sortir avec son uniforme et le chapeau civil que je lui avais laissé. Quelle pluie de malédictions ces bons amis firent tomber sur ma tête innocente!

D'Autun à Arnay-le-Duc, il y a vingt-neuf kilomètres. En arrivant, ma jument était harassée. Pauvre bête! elle n'était pas faite pour le métier de la guerre. Et moi, qui depuis quatre ans, n'avais

pas mis le pied à l'étrier, j'étais fracassé, détérioré, et, comment le dire décemment?... ma selle
était comparable à ces chevalets de torture qui
servaient à appliquer la question. Figurez-vous
la carte topographique de la Suisse avec tous
ses reliefs, et vous aurez une idée de cette selle.
Ma bête ne pouvant allonger le pas, avait un
trot dur et court qui me martyrisait. Je pensai
alors au moelleux fauteuil de mon bureau. Il
m'était aussi impossible de me tenir droit que
de m'asseoir sur une chaise, car tout contact
me produisait l'effet d'un fer rouge.

Loin de me plaindre, mes amis se moquèrent
de moi; le général lui-même ne put s'empêcher
de sourire en me voyant sur l'extrème bord
de mon siège, comme si le coussin eût été rembourré d'épingles.

Arnay-le-Duc est une petite ville qui me parut
avoir sept à huit mille habitants; elle fait partie
du département justement appelé la *Côte-d'Or*.
Le mois de novembre, si triste chez nous, ne
l'est pas moins là-bas. La nature semble atteinte
d'hypocondrie en disant adieu à l'été. Rarement, à travers les nuages et le brouillard, voit-

on apparaître un lambeau d'azur ou un rayon
de soleil; mais sous la désolation de l'hiver, on
peut deviner le sourire des beaux jours.

Une foule serrée nous attendait pour saluer
Menotti à son passage.

Cette ovation n'avait pas le caractère enthou-
siaste que l'on remarque dans les populations
méridionales; la tristesse se faisait jour au milieu des saluts de bienvenue. Ces pauvres gens
terrifiés par les Prussiens qui dévastaient les
villages voisins, et par la certitude de notre impuissance à opposer une digue au torrent, ne
pouvaient que se répandre en imprécations
contre Napoléon III. Nous passâmes la nuit à
Arnay.

Trois bataillons de francs-tireurs, ceux d'Oran,
de Colmar et les Éclaireurs du Rhône, étaient à
une vingtaine de kilomètres de nous, dispersés
à travers les villages groupés sur les collines et
dans les bois qui abondent dans cette belle province.

Menotti devait rejoindre ces différents bataillons, les surveiller et diriger leurs opéra-
tions.

Les francs-tireurs, qui depuis nous ont rendu d'admirables services, étaient, au début, plutôt amateurs que soldats. Ils avaient l'art d'éviter toute rencontre lorsqu'il eût fallu la chercher; ils se contentaient d'échanger quelque fusillade avec les coureurs ennemis quand ceux-ci arrivaient en petit nombre près des villages occupés.

On les avait abandonnés à eux-mêmes, sans contrôle ni direction. Ces forces ainsi éparpillées dans toute la France et manquant d'unité d'action, s'épuisaient en efforts infructueux. Celles-ci acceptèrent avec répugnance la surveillance de notre brigade. Leur existence était si commode !

Dès l'aurore nous remontâmes à cheval.

Menotti, suivant son habitude, gardait le silence; on l'interrompait de temps en temps par quelques réflexions sur l'ennui de la cavalcade, et par quelques souvenirs adressés à notre lointaine patrie.

Nous soupirions en passant devant un de ces petits châteaux épars dans la Bourgogne; en voyant au-dessus des toits et des tourelles en forme d'entonnoirs renversés, la fumée monter

lentement pour se confondre avec le ciel plein
de brume.

« Il n'y a pas de fumée sans feu ». Ce proverbe français nous revenant à la mémoire, nous
pensions à l'exquise jouissance de nous trouver
assis autour d'un de ces foyers flambant au loin,
au lieu de cheminer ainsi, tristement perchés
sur nos rosses.

Nous voyions, en traversant les villages, quelques minois effarés aux fenêtres. Nos képis et
nos chemises rouges ne rassuraient pas pleine-
ment ces pauvres diables, qui, chaque fois
qu'on entendait des pas de chevaux, croyaient
voir surgir ces terribles uhlans que leur imagination identifiait à l'image de Belzébuth !

Pauvre France, dans quelles tristes conditions
il nous était donné de te visiter !!

Sur la route d'Arnay à Sombernon, il y
a un petit village appelé Rouvre-sous-Meilly.
C'est là qu'étaient cantonnés les francs-tireurs
d'Oran ; Français et Arabes, enveloppés dans
leurs couvertures, crottés jusqu'aux cheveux,
ressemblaient à des ours plutôt qu'à des hommes.

Ils s'arrêtaient pour saluer respectueusement

le général, puis se remettaient en route afin de chercher des vivres, ce qui est la grande préoccupation du volontaire en campagne.

Le pays se compose d'une douzaine de maisons, d'une petite église de style très composite, et de deux auberges fort misérables où l'enseigne dit qu'on loge à pied et à cheval.

Ayant confié nos montures aux guides de l'escorte, nous demandâmes à déjeuner.

— Il faudra vous contenter de ce que nous pouvons vous offrir. Un bataillon de francs-tireurs, en garnison ici, a tout dévoré.

— Avez-vous du pain et du fromage? demanda Menotti.

— Du fromage, oui; mais pour le pain l'affaire devient difficile.

Nous attaquâmes en chœur l'immense fromage et le pain noir que l'aubergiste nous servit, en s'excusant de n'avoir rien de mieux chez lui.

— Général, osai-je demander, resterons-nous ici beaucoup de jours?

— Beaucoup, non; une semaine au plus.

Nous échangeâmes, mes amis et moi, un regard désespéré. Huit jours de fromage, de pain noir, dans ce trou délayé par la pluie, noyé dans la boue! N'eût-on pas préféré la prison!

Quelques verres d'un bon petit vin, la seule chose bonne que l'on nous servit, m'enhardirent à parler, et je dis au général :

— J'ai pris des informations, et je sais qu'à une portée de fusil d'ici, il y a un beau château dont les maîtres nous recevraient avec plaisir.

— Ah! dit sèchement le général, Monsieur veut faire le châtelain; et il ajouta en souriant :

— Où trouveriez-vous un château plus somptueux que celui-ci?

La terrible sobriété de Menotti, devenue proverbiale dans l'armée des Vosges, mettait un frein à nos aspirations épicuriennes.

Ayant fait de nécessité vertu, Baghino, moi, le lieutenant Bonomi, et le capitaine de mobiles Drouon qui s'était adjoint à notre état-major, nous nous consolâmes avec quelques verres supplémentaires, tandis que Menotti projetait une cavalcade dans le pays que les pluies avaient transformé en étang.

Rien de précis sur les Prussiens. Les informations des habitants étaient contradictoires. On avait vu des batteurs d'estrade à Pouilly et dans les environs de Sombernon, mais leurs forces étaient massées à Dijon où le général Werder avait ses quartiers.

Il fallait donc se mettre en rapport avec les maires de tous les villages à 15 kilomètres à l'entour, et leur faire savoir que nous étions à Rouvres pour qu'ils pussent nous avertir des mouvements de l'ennemi, si celui-ci se mettait en marche.

CHAPITRE II.

Allons, à cheval! L'un ira à Bligny-sur-Ouche où doit se trouver un bataillon de mobiles, un autre à Pouilly où des francs-tireurs sont cantonnés; et moi je fus envoyé à Sombernon.

Ce fut la première infidélité que je fis à ma pauvre jument, qui ne se tenait plus sur ses jambes. J'enfourchai la bête d'un guide, espèce de dromadaire haut comme un clocher, long comme une lunette marine. Tomber du haut d'un animal pareil eût été aussi terrible que tomber du haut du dôme de Milan.

Deux franc-tireurs me perchèrent sur ma selle, et en avant au trot, au galop! A chaque enjambée on avalait un hectare; mais, juste ciel! quelles secousses! des secousses de navire pendant une tempête!

Je brûle un village, Vendenesse; j'en traverse un second, Commarin, que domine un magnifique château. Là je dus m'arrêter parce que mon Léviathan avait perdu un fer.

Je demande un maréchal, et les habitants qui s'étaient enfui en me prenant pour un uhlan, s'empressent de me conduire.

— Vous êtes *Galibardien?*

— Garibaldien, vous voulez dire ? Oui.

— Vive *Galibardi*, notre sauveur (1) !

Et me voilà entouré de curieux qui examinent mon uniforme, admirent mon cheval géant, et m'accablent de questions sur *Galibardi* et ses fils ; on désire savoir si je suis son gendre. Pour me dérober à cet empressement, je veux tenir la jambe du cheval déferré, mais un beau petit vieillard, bien vert et sautillant, réclame l'honneur de me rendre ce service. Alors la foule

(1) Ici, l'auteur n'indique pas seulement que le nom propre est estropié, mais l'accent grave posé sur l'i final marque le manque de prosodie. L'accent tonique transforme l'avant dernière syllabe en longue. Comme nous prononçons tous les mots *recto tono* il en résulte, quand nous parlons italien sans connaître l'accentuation tonique, la plus pitoyable et ridicule cacophonie pour les oreilles transalpines.

s'entrouvre pour laisser passer un personnage d'importance.

C'était l'intendant du château portant, d'ailleurs, blouse et sabots comme les autres paysans. Il m'invite à boire un coup chez le vicomte de Vogüé, bloqué dans Paris, et dont le neveu, capitaine de cavalerie, avait péri à Wœrth.

J'acceptai sans me faire prier.

Je traversai une demi-douzaine de salles magnifiques, mais la solitude et le froid les rendaient si tristes que je préférai le bon feu de l'immense cuisine. Je fis sécher mon manteau, tellement trempé qu'il était devenu aussi pesant qu'une armure du moyen âge.

L'intendant revint avec deux coupes de cristal de Bohême sur un plateau de métal et une bouteille couverte d'une vénérable poussière.

Il s'excusa de ne pas me servir sur un plateau d'argent, « car, dit-il, l'argenterie est cachée à cause de ces gredins de Prussiens qui pillent tout et sont si près de nous. »

J'acceptai d'autant plus volontiers les excuses du bonhomme que la bouteille était pleine de promesses.

— C'est du Volnay de 34, année de la comète, murmura modestement l'intendant; et il remplit les verres, que nous vidâmes tant et si bien, que ce vin généreux me fit oublier les fatigues de la journée.

Je repris mon manteau, et remontant sur le dromadaire que le complaisant vieillard m'amenait, je partis au trot, en recevant les salutations de tous les curieux.

C'est ici qu'arriva :

Ma première bataille.

Après avoir traversé Commarin, le premier village que l'on rencontre est Montoillot. Là encore, mon manteau gris et ma fantastique monture produisirent leur effet d'épouvante; et là aussi, la curiosité succéda à la peur.

Je ne m'arrêtai que pour demander au maire, gros paysan dodu, des nouvelles de l'ennemi. Comme de juste, il n'en savait aucune.

Allumant mon cigare, je continuai ma route avec plus de circonspection.

La tristesse du paysage, celle des endroits habités, où je ne voyais pas un seul homme jeune (tous ayant été pris par la levée forcée), l'abattement craintif des populations, toutes ces choses me mirent au cœur un découragement que le bon vin de Comarin ne pouvait contrebalancer. Pas un voyageur sur la route, pas une voiture; quelque petit pâtre poussant son bétail vers les forêts où les paysans cachaient bestiaux, hardes et meubles pour les dérober à la rapacité prussienne.

A chaque détour du chemin je prêtais l'oreille, tout en cherchant à percer le brouillard. Il m'eût été désagréable de tomber comme un étourneau dans un peloton de uhlans, avec la chance d'être tué et de demeurer là à l'état d'engrais pour les champs, sinon d'aller pourrir dans la forteresse de Dantzick.

Au delà d'Echennay, la route s'enfonce dans une forêt sombre et touffue. Comme les paysans bretons qui la nuit, en rentrant chez eux, chantent pour éloigner la Dame Blanche, les farfadets et autres terreurs imaginaires, je me mis à fredonner en accompagnant de la voix le pas cadencé de mon cheval colosse.

A ce moment j'entends sur la route le trot lointain d'un cheval mais sans rien voir. Je m'arrête. Le bruit se fait plus distinct avec un son de ferraille. Ce doit être celui d'un sabre battant les flancs d'un cheval. — Nous y sommes! pensai-je, et la mer Baltique, les tours, le port, les pontons de Dantzick m'apparurent comme une vision sombre.

Le bruit s'approchait encore. Il n'y a plus à en douter, c'est un cavalier avec son sabre.

Une forme indécise s'estompait à cinquante pas dans le brouillard. — Qui vive? hurlai-je à plein gosier. Personne ne répond mais le cavalier s'avance toujours...

Alors je saisis mon revolver, et labourant le flanc du dromadaire, je m'élance intrépidement contre l'ennemi. Oh! don Quichotte, terreur des moulins à vent! venez à mon secours pour m'aider à raconter cette prouesse.

Risum teneatis amici. Mon uhlan était un paysan dans une petite carriole, miniature des *corricoli* de Naples, tirée par une lourde jument grise.

Je me gardai bien de faire part aux amis et

au général de cette aventure; mais, en somme, à qui la faute? Les paysans m'avaient si bien farci la tête de Prussiens, uhlans, Werder, Bismarck, Moltke et Cie, que j'avais pris le bruit de ferraille d'une carriole pour celui d'un sabre.

— D'où venez-vous? — demandai-je au paysan terrifié et prêt à s'évanouir.

— Oh! monsieur le Prussien, je suis un honnête homme, dit-il en gémissant.

— Je n'en doute pas, mais d'où venez-vous?

Le malheureux, les yeux hors de la tête, la langue épaisse, ne pouvait plus parler et il tâtait ses poches, sans doute pour m'offrir sa bourse.

Voulant avoir des informations, je répétai ma demande; mais il était aussi facile de tirer de lui une réponse que du sang d'un navet.

J'avais beau lui dire que j'étais Garibaldien et non Allemand, il ne put rien entendre.

— Allez au diable! criai-je enfin, et la carriole partit comme une locomotive chauffée à toute vapeur.

— Je parie, pensai-je, que cet imbécile va répandre l'alarme dans tous les environs en disant qu'il a échappé à une mort certaine.

Au bout d'un quart d'heure j'arrivai à Sombernon, grand village bien situé sur une hauteur; mon premier soin fut de me faire conduire chez le maire qui habitait au bout du village. Il m'accueillit fort bien et m'introduisit dans le salon où brûlait un bon feu. J'avoue que j'eusse, un instant, préféré rester dans l'antichambre, car il y avait deux dames devant la cheminée, et je ne savais comment faire excuser mon costume.

Un coup d'œil jeté dans la glace m'avait épouvanté. *Quantum mutatus ab illo!* Impossible de m'asseoir dans un fauteuil sans le couvrir de boue; je coulais comme une gouttière, mes gants s'étaient collés sur mes mains, mes cheveux étaient plaqués sur mon front comme au sortir d'un bain; j'avais la barbe déjà longue et mon revolver faisait saillie à travers les mailles d'un tricot rouge déchiré. En un mot, j'avais plutôt l'aspect d'un brigand que celui d'un officier d'état-major.

Mais ces dames ne parurent pas s'en apercevoir; on me combla de prévenances et une domestique servit l'inévitable bouteille de vin flanquée de liqueurs variées.

Je fis part au maire du motif de ma visite.

Il me répondit que, d'après les meilleures informations, Werder, avec 15.000 hommes environ, occupait Dijon et les alentours. De fortes colonnes sortaient pour réquisitionner à 15 kilomètres de la ville. Les coureurs n'avaient fait qu'une apparition rapide à Sombernon, sans y causer aucun dommage, ayant réclamé seulement de quoi boire, manger, et des cigares. Pont-de-Pany n'était pas occupé; les avant-postes ennemis s'étendaient jusqu'à Plombières.

En somme, j'en savais assez. L'important, pour Menotti, était d'occuper Sombernon avec un bataillon de francs-tireurs, afin de se mettre en garde contre toute attaque possible. La position était parfaite pour la guerre d'escarmouches; des forêts et des collines, au milieu desquelles la route, très encaissée, favorisait la retraite d'une petite troupe se jetant dans les bois, où elle pouvait, d'ailleurs, opposer une sérieuse résistance à un corps d'armée.

Il me fallait donc retourner de suite à Rouvres pour transmettre ces informations à mon général.

2.

Cependant, la nappe blanche était mise sur la table; un suave parfum sortait de la cuisine et le maire venait de déposer, avec un respect religieux, sur le dressoir, une demi-douzaine de bouteilles poudreuses. Héroïque comme feu Régulus, je me remis en selle malgré les instances des dames et du maire.

— Encore une goutte de cognac, mon capitaine, fit-il d'une voix suppliante.

Comment refuser? Brave maire! Nous eûmes plus tard l'occasion de le mieux connaître et l'on eut toujours à s'en louer.

Puissé-je en dire autant de tous les maires d'ici-bas!!

Je retournai à Rouvres où nous restâmes cinq ou six jours. Soyez convaincus que si les soldats d'Annibal avaient rencontré Rouvres au lieu de Capoue, ils ne se fussent pas endormis dans ses délices.

Menotti, seul, semblait ne pas s'apercevoir des inconvénients matériels; il passait des journées entières à étudier le terrain, à transmettre les messages, à surveiller ses avant-postes,

établir un service d'espionnage, et rassurer les
populations qui se contentaient de branler tristement la tête en disant : « Nous sommes trahis,
nous sommes vendus ! »

CHAPITRE III.

L'armée des Vosges était à l'état embryonnaire ; les mobiles couverts de misérables tuniques en lambeaux, armés de fusils à percussion ; les francs-tireurs n'étaient guère mieux outillés ; de rares chassepots et des carabines fédérales se chargeant par la guéule ; pas une pièce d'artillerie. Notre cavalerie se composait de quarante chasseurs à cheval suffisant à peine au service du quartier général. Il y avait bien un escadron de guides italiens, mais à l'état de projet, et deux légions italiennes incomplètes, sans organisation. Je ne dirai rien du service d'intendance, puisqu'il n'existait pas. Les commandants, pour nourrir leurs hommes, étaient obligés ou de réquisitionner ou de donner de l'argent aux soldats qui se fournissaient comme ils l'entendaient.

Dans l'impossibilité d'attaquer un ennemi

beaucoup plus nombreux que nous, retranché derrière de fortes positions, entouré du prestige de la victoire, nous ne pouvions que nous garantir d'une attaque imprévue. Menotti éparpilla ses francs-tireurs dans les villages faisant face à la ligne de l'ennemi. On occupa Sombernon et Pont-de-Pany.

A Pouilly, on cantonna les francs-tireurs d'Oran, tandis que notre droite, vers Gevrey et Nuits, était gardée par les éclaireurs du Rhône, et qu'un bataillon de mobiles occupait Blignysur-Ouche.

Ces troupes, si faibles et disséminées, avaient pour mission d'inquiéter les reconnaissances ennemies, ce que la nature du terrain rendait facile, et de se retirer sur Arnay, puis sur Autun, en cas d'hostilités sérieuses.

Il fallait suppléer au manque de cavalerie par les corps de francs-tireurs qui, rendons-leur justice, sont très propres à ce genre de service.

Les francs-tireurs, organisés comme les compagnies volantes de Garibaldi, sont fort utiles pour une armée. Ils manœuvrent avec une extrême rapidité, grâce à l'absence de chariots,

de parcs et de tous ces *impedimenta* qui ralen-
tissent les mouvements d'une armée. Payés en
argent, ils se nourrissent chez l'habitant des
villages. On peut les pousser jusque dans les
lignes ennemies, sans que cet ennemi ait prise
sur eux. Surpris et battus, ils empêchent le gros
de l'armée de l'être à son tour, car ils peuvent
se replier, en fournissant des indications à l'armée, tandis que l'ennemi est souvent trompé
sur les distances par la célérité de leur marche.

Un beau matin, le soleil, malade et aussi pâle
que la lune, se décida à percer la masse opaque
des nuages. Je fumais un de ces exécrables cigares d'un sou que les soldats appellent *cra-*
pulados (1) dans la petite pièce qui nous ser-

(1) Halte-là! que l'auteur trouve mauvais nos modestes cigares de 5 centimes, il use de son droit; mais que dirons-nous
des cigares italiens et spécialement de ceux de Milan? Les Italiens du Nord estiment fort certains cigares longs, minces, noirs
et puants. Ils consistent en feuilles de tabac roulées autour
d'un fétu de paille. On commence par faire brûler un bout de
cigare à une bougie, afin de provoquer l'évaporation de la nico-
tine qui se condense et s'écoule le long du fétu de paille, puis
on fume ce cigare déjà brûlé sur un tiers de sa longueur. Bientôt l'effroyable âcreté de la fumée vous fait jeter le reste. Mais
il faut être patriote avant tout!

vait de salle à manger et de quartier général,
lorsque Baghino vint m'arracher à cette occupation pour m'annoncer que Menotti se mettait en selle. J'eus vite fait mes préparatifs de
départ et nous payâmes l'écot. C'était salé, mais
l'aubergiste nous fit observer qu'il logeait rarement des généraux.

Quand j'arrivai à Autun, le légitime propriétaire de mon manteau dont je n'étais que le
possesseur, fut enchanté; mais en inventoriant
son bien, il s'aperçut des avaries subies.

— Que diable! dit Galeazzi, il était neuf
quand je te l'ai prêté ou mieux quand tu me l'as
pris, et tu me le rapportes couvert...

— De gloire!

— Non, mais de boue.

Malgré tout, ce malheureux manteau fut accueilli comme l'enfant prodigue.

Autun avait pris une physionomie plus vi-
vante. Il y avait dans les rues un incessant va-et-
vient de militaires qui, faute d'ennemi, dé-
ployaient leur valeur au billard, aux échecs et
aux dominos, tandis que nous faisions une large
consommation chez les pâtissiers.

A force de réclamations nous avions obtenu
une fourniture de fusils se chargeant par la cu-
lasse. Des départements on nous envoyait des
flanelles, des souliers et des vêtements pour
couvrir nos soldats les plus nécessiteux. Le
major Ricciotti arrivait avec mille francs-tireurs
bien équipés; mais d'artillerie, il n'en était pas
question; les sous-officiers manquaient; enfin,
les officiers eux-mêmes, généralement élus dans
les compagnies, n'en savaient pas plus que
leurs jeunes soldats brusquement arrachés à la
charrue par un décret du gouvernement de la
Défense nationale. Pendant ce rapide séjour à
Autun, je fis plus intimement connaissance
avec mes collègues et notre vie fut très agréable.
Je pus enfin avoir un manteau à moi et me payer
le luxe d'un sabre, objet aussi rare que re-
cherché. J'obtins, pour comble de bonheur, un
superbe pantalon gris de ciel, — je parle du
ciel d'alors toujours plein de neige ou de pluie.

Un matin, l'ordonnance me réveilla de bonne
heure; le général, levé depuis quelque temps,
consultait la carte. Je devinai qu'il s'agissait
d'une longue cavalcade. Mon équipement de

voyage fut tôt préparé ; une petite sacoche contenant peigne et savon, une chemise de flanelle, et deux faux-cols pour les grandes circonstances.

Depuis une heure nous chevauchions lentement ; l'air pensif du chef ne nous engageait pas à la conversation. Bonomi voulut rompre la glace et le besoin de parler lui fit dire une de ces grosses âneries qui ont le mérite d'égayer une situation.

— Quel beau panorama ! s'écria-t-il en s'adressant au général.

— Où donc est-il ton panorama ? demandâmes-nous en chœur.

Le paysage présentait l'aspect d'une feuille de papier gris placée derrière les verres d'un stéréoscope : du brouillard, toujours du brouillard ; et comme variante, sur le fond, quelques pieds d'arbres dépouillés de feuillage.

Cela suffit pour nous mettre en verve.

Canessa dit que le panorama, à la condition de fermer les yeux, représentait exactement le golfe de Gênes.

— Non, les jardins publics de Milan.

— Un décor d'opéra dans une représentation de la Scala.

— Où sont les danseuses du ballet?

— Et l'orchestre?

Et ainsi de suite.

Si lentement que nous allions, nous arrivâmes à Arnay-le-Duc, au milieu de ce brouillard que l'imagination du lieutenant Bonomi transformait en paysage si admirable. A notre grand étonnement, un élégant équipage stationnait dans la cour de l'hôtel où l'on s'arrêta. A pareille époque la chose était rare.

Je descendis pour faire réparer au plus vite une très grosse avarie survenue à mon pantalon. Vous savez que riche en faux cols, je n'avais pas de pantalon de rechange : je venais de confier le mien à la bonne. Mieux partagé que Noé, j'avais maintenant un manteau. Je restai donc en bottes et en caleçon, drapé dans mon grand manteau long comme la pourpre des rois ; descendant au salon, je me fis donner de quoi écrire.

A ce moment, trois jeunes et belles dames, les voyageuses de l'équipage, entrèrent ; et voyez mon embarras : ne pas se déranger pour leur faire place eût paru le fait d'un grossier personnage; me lever eût été effarouchant pour des dames qui n'aimaient peut-être pas les *sans-culottes*.

Le capitaine Druon vint heureusement à mon secours en offrant des sièges à ces dames, tandis que je paraissais absorbé par ma correspondance. Elles accablèrent le capitaine de questions sur nous et sur le général qu'elles désiraient bien voir.

Je venais de terminer ma lettre, de la cacheter, et j'allais tenant bien serrés les pans du manteau, effectuer ma retraite par une petite porte à gauche qui donnait sur la cour, lorsque par la porte opposée, entra la servante. Agitant mon pantalon comme un drapeau, elle cria triomphalement :

— Monsieur, monsieur le capitaine, vos culottes sont arrangées!

Oh! désespoir! on avait dévoilé mon indigence; je ne pouvais réagir contre le destin! et voyez ce que c'est : il m'a été dit depuis, que mon caleçon, pris pour une culotte de peau de daim, avait produit un effet splendide.

Les malheurs n'arrivent qu'aux gens de lettres! Et voilà pourquoi, chez nous, les illettrés deviennent ministres et millionnaires!

Le lendemain on se remit en route; un froid piquant nous fit craindre d'être gelés.

— Nous allons être, dit l'un de nos camarades, comme la femme de Loth; chacun de nous sera transformé en statue, non plus de sel, mais de glace.

— Ajoute en une statue équestre sur le piédestal de laquelle on n'aura plus qu'à ajouter une inscription commémorative que la République française devra bien aux volontaires d'Italie.

Le soir, nous arrivâmes à Châteauneuf, où, malgré son nom, se trouvaient les ruines d'un vieux château du moyen âge.

Il faut ici que j'ouvre une parenthèse pour faire comprendre l'enchaînement des faits que je vais raconter.

Personne, plus que Garibaldi, n'était convaincu de l'impuissance absolue de nos efforts contre un ennemi admirablement situé, approvisionné, et si numériquement supérieur à

nous. Il aurait voulu se maintenir prudem-
ment sur la défensive, tout en organisant
son corps, pour attendre la possibilité d'attaquer dans des conditions moins désavanta-
geuses.

Mais le gouvernement de Gambetta le har-
celait tous les jours, à force de télégrammes
dont voici le sens invariable. « Foulez, dé-
truisez, massacrez, émiettez, écrasez, culbutez,
pulvérisez l'ennemi. » C'était facile à dire
du fond d'un fauteuil! Et avec quoi?

Ajoutez à cela les attaques de la presse réactionnaire; celles des journalistes de bonne foi
qui, ne connaissant pas la situation, nous ac-
cusaient de mollesse. Comme ces joueurs
malheureux et désespérés qui jouent leur fortune sur un seul coup, ils voulaient risquer le
va-tout dans une grande et sanglante bataille,
sans comprendre que la France devait tempori-
ser pour laisser au gouvernement le loisir d'or-
ganiser ses nouvelles troupes.

Je vous ai dit combien notre position était
précaire.

Obéissant à des ordres impérieux et maladroits, le général fit faire à sa pauvre armée une marche en avant.

De Châteauneuf nous étions revenus à Arnay-le-Duc où, du côté opposé, entrait la légion Ravelli, précédant le reste de la brigade. C'était la première fois que l'on voyait les garibaldiens, si bien que toute la population nous entoura avec un bruit de sabots pareil à celui d'une troupe de cavalerie. Ces pauvres gens eurent le courage d'applaudir en criant : Vive *Galibardi!* pendant que la fanfare jouait notre hymne.

Mais bientôt, comme terrifiés de leur hardiesse, les habitants se renfermèrent chez eux; le bourg eût été silencieux et mélancolique sans le tapage des soldats envahissant les rues, les cafés, et assiégeant la mairie, à la recherche de leurs logements.

On distribua les billets avec une lenteur désespérante. Le pauvre maire et son secrétaire avaient perdu la tête ; ils assignaient des écuries aux hommes, des appartements aux chevaux. Ajoutez à cela la confusion des langues. Chacun protestait dans son idiome particulier, en assaisonnant ses plaintes de quelques jurons français qui faisaient dresser les cheveux sur la tête des autorités municipales ; non pas tant à cause des mots prononcés qu'en raison de leur étrange accentuation.

Mais, sauf quelques scènes de pugilat entre soldats, tout rentra dans l'ordre, et à onze heures du soir, le silence n'était plus interrompu que par quelque retardataire se faisant ouvrir à coups de crosse de fusil contre les portes, ou bien par la chanson d'un militaire un peu attardé à caresser la bouteille.

Dans le calme de la nuit, j'entendais fredonner l'ariette toscane ou piémontaise, ou la vive chansonnette napolitaine ; et ces notes, me reportant aux souvenirs du pays lointain, me plongeaient dans une douce mélancolie.

Le matin suivant, comme Menotti quittait Arnay, Garibaldi y arrivait avec le quartier général.

Quelles émotions coup sur coup pour les paisibles habitants du bourg ! Les sabots claquèrent encore sur les pavés avec un bruit assourdissant.

— C'est le père?

— Oui, c'est lui.

— Oh ! le bon vieux !

— Qu'il est beau !

— Vive *Galibardi*, notre sauveur !

Je rejoignis mon général à Rouvres, de famélique mémoire, où je devais assister à une scène étrange.

Pour bien accueillir nos soldats, les habitants de ce village avaient roulé dans la rue plusieurs tonneaux de vin pendant que le maire faisait distribuer du pain et du fromage.

On peut croire que nos volontaires burent ferme, mais les habitants voulurent trinquer avec eux et tenir dignement tête à ces adorateurs de Bacchus transalpins. Le général fut averti trop tard de la prodigalité des paysans, si tard que quand il voulut faire cesser les libations, soldats et habitants étaient gris, et plusieurs tout à fait ivres.

Le spectacle était magnifique. La fanfare jouait et les soldats dansaient devant un public de tout âge et de tout sexe. Ce ne fut pas sans peine que le général put décider la légion à se remettre en marche.

3.

Les soldats partis, la foule assaillit la maison-
nette occupée par le général. Les enfants, plus
hardis que leurs parents, entrèrent jusque dans
la cuisine où nous dévorions un mauvais morceau de mouton dur et le fromage réglemen-
taire ; ils touchaient avec curiosité nos armes
jetées pêle-mêle dans un coin et palpaient
même les boutons brillants de notre uniforme.
Comme une rose au milieu d'un bouquet de
fleurs des champs, se détachait la tête blonde
et frisée d'une petite fille ressemblant aux an-
ges de Raphaël ou aux amours du Titien.

Le général, qui aime beaucoup les enfants,
baisa le front de cette jolie petite créature.

Ce fut une bien mauvaise idée !

L'enfant, d'abord étonnée, s'arrêta, puis
toute honteuse alla se cacher dans les jupes de
sa mère. Mais les autres mamans, jalouses de
cet honneur, s'enhardirent, et s'approchant du
général avec leurs enfants, réclamèrent un baiser
pour eux. Ce fut une vraie procession, et le général dut trouver que la corvée n'était pas
agréable, car parmi ces enfants il y en avait de
sales et morveux que l'on n'avait nullement

envie d'embrasser. Puis vint le tour des filles déjà grandelettes qui présentèrent leurs joues en rougissant.

— A cheval, général! à cheval, sans quoi il faudra embrasser tout le monde en y comprenant le maire et le curé!

Pendant que l'on préparait les montures, je crus devoir venir en aide à mon supérieur dans ses fonctions d'embrasseur; mais je vis avec une certaine crainte, derrière les jeunes personnes, le bataillon serré des vieilles femmes qui s'apprêtaient évidemment à recevoir l'accolade.

Grâce à Dieu, nos chevaux furent prêts à temps. Au bout de quelques minutes, nous tournions le dos au village, en riant de bon cœur et remplis de reconnaissance pour l'accueil et la naïve bonté de ces braves gens. Le général leur gardait cependant rancune pour avoir grisé toute la légion Ravelli. Nous rencontrions des traînards qui titubaient le long de la route.

Le soir, nous étions logés à Saint-Jean-le-Bœuf, après une journée pluvieuse passée en reconnaissances.

CHAPITRE IV.

A l'entour, sur les routes de Nuits, de Gevrey, de Dijon, étaient échelonnés nos francs-tireurs, passant les journées en marches, ou occupés à guetter les coureurs de l'ennemi. C'est alors que je fis connaissance avec ce corps qui devait rendre tant de services à l'armée.

Toutes les classes de la société y étaient représentées, depuis le journalier jusqu'au millionnaire ; savetiers et avocats, fermiers et professeurs, médecins, anciens militaires, artistes, garçons et gens mariés, jeunes et vieux, tous étaient confondus dans une vie pleine d'entrain et de gaîté. Aussi, nous tous, officiers de Menotti, étions-nous très contents d'être envoyés près d'eux ; et quoique nous eussions parfois des ordres désagréables à apporter, nous fûmes toujours accueillis avec une cordialité affectueuse.

Comment s'y prenaient-ils? je l'ignore. Toujours est-il que dans les plus misérables villages, ils avaient une bonne table et de l'excellent vin. On y portait des toasts bruyants; la chansonnette de Béranger succédait aux vers de Victor Hugo, puis les toasts recommençaient.

Mais, au premier signal, les officiers disparaissaient, réunissaient leurs hommes, et la troupe, pleine d'entrain, partait gaiement.

Vrais bohêmes de l'armée, toujours en marche, insoucieux du lendemain, ils avaient un faible prononcé pour les riches châteaux; mais le château se transformait-il en écurie jonchée de fumier, ou en cabane dénudée, ils ne s'en plaignaient pas.

Leur premier fait d'armes fut la défense de Saint-Jean-de-Losne, quand le quartier général de Garibaldi était à Dôle. Ils firent reculer une forte colonne ennemie, avec de la cavalerie et du canon, qui venait sur Brazey pour imposer une formidable réquisition. Cette colonne perdit son colonel et beaucoup d'hommes, tandis que les francs-tireurs, protégés par les accidents du terrain, n'eurent que peu de monde tué.

Chacun a entendu parler du brillant coup de main exécuté par Ricciotti, avec mille francs-tireurs; mais les détails en sont peu connus.

Le 14 novembre, Ricciotti partait d'Autun et à marches forcées, arrivait en trois jours à Semur, par Arnay, Saulieu, Précy. Son but était de modérer l'ardeur des cavaliers ennemis et des colonnes de réquisition, qui depuis l'Yonne envahissaient le haut de la Côte-d'Or, portant, de tout côté, la désolation et l'épouvante.

Montbard n'était pas occupé. Riccioli y arrive et pousse jusqu'à Coulemier-le-Sec où il trouve des nouvelles précises. Quinze mille Prussiens venaient de l'Ouest sur Montbard.

Il n'y avait pas de temps à perdre, car, serré à droite et à gauche par l'ennemi, il risquait d'être coupé à Montbard et n'avait d'autre chance de salut que de se jeter dans les bois. Il apprenait en même temps qu'un gros corps d'infanterie occupait Châtillon-sur-Seine, à environ vingt kilomètres de Coulemier.

Après avoir fait reposer ses hommes, il se remet en marche la nuit, pour arriver, avant le jour, aux postes de Châtillon.

Le cri d'alarme de la première sentinelle est
étouffé, mais une autre a le temps de rentrer au
poste qui fait feu et dont les hommes se replient
sur la ville. Les francs-tireurs s'élancent au pas de
course ; la lutte commence mais dure peu, car
tout ennemi qui ne trouve pas le moyen de
fuir est tué ou fait prisonnier.

Alors commença une scène que l'on pourrait
appeler fantastique si elle n'était pas horrible.
Les Prussiens, surpris dans leur lit, courent aux
armes et font feu par les fenêtres des maisons
dont les nôtres enfoncent les portes. Dans
l'obscurité la fusillade ne fut pas trop meurtrière. Quelques-uns, frappés de terreur, sautent
par les fenêtres en chemise, en caleçon, et sont
reçus sur nos baïonnettes.

Le jour se leva pour éclairer cette scène de
désolation. On cerne les maisons en sommant
les Prussiens qui les occupaient de se rendre.
Égarés par la frayeur, ceux-ci n'écoutent rien
et veulent fuir. On fusille impitoyablement
ces fantômes blancs qui courent dans les rues ;
d'autres, barricadés chez eux, derrière les esca-
liers et les portes, se défendent en désespérés ;

ils vendent chèrement leur vie. La manœuvre durait depuis deux heures quand Ricciotti parcourut les rues pour apaiser les siens devenus ivres de sang; il recommanda de faire des prisonniers et d'épargner ceux qui demanderaient quartier.

On vit des femmes en chemise, guider les francs-tireurs, sous une pluie de balles, aux logements des officiers supérieurs.

Honneur aux braves! Un colonel prussien ayant retrouvé son cheval, l'avait monté et, au lieu de fuir, s'était lancé au trot contre l'assaillant, comme pour se punir lui-même, par une mort certaine, de s'être laissé surprendre.

— Ne tirez pas! ne tirez pas! cria Ricciotti.

Trop tard! Un feu de peloton éclatait; le cavalier fit quelques pas en chancelant sur sa selle et tomba frappé de deux balles.

Le cheval, atteint aussi, tomba sur les genoux, se releva, continua sa course en trébuchant et alla retomber enfin en couvrant la muraille de sang.

Des acteurs de cette tragédie m'ont raconté avoir été plus émus à la vue de ce cheval qu'en

regardant mourir les hommes. Il y a quelque
chose d'impressionnant dans la muette agonie
de ces nobles bêtes, qui, frappées à mort, ne
poussent même pas un gémissement.

On était au matin du 19. En cinq jours Ricciotti avait traversé toute la Côte-d'Or, et, au
beau milieu des lignes prussiennes, surpris l'ennemi. Il se replia sur notre armée avec la même
célérité, emmenant une dizaine d'officiers et
deux cents soldats prisonniers.

L'effet moral produit sur l'armée et les populations fut admirable. « Ainsi donc ces terribles
« Prussiens, dit-on, sont des hommes comme
« les autres, qui dorment et se laissent sur-
« prendre. Ils peuvent nous poursuivre sans
« nous atteindre; donc ils n'ont pas d'ailes! »

Cependant à Saint-Jean-le-Bœuf où la pluie
avait transformé tout le pays en un vaste bour-
bier, nous étions fort mal logés chez les pauvres habitants. Un matin, tandis que les clairons
appelaient les soldats volontaires à l'exercice,
trois ou quatre francs-tireurs des éclaireurs du
Rhône, montés sur des chevaux de paysans, entrèrent à bride abattue dans le village et y ré-

pandirent l'alarme en criant : « Nous sommes trahis! nous sommes vendus! »

Nous étions trop accoutumés aux fausses alertes pour y faire grande attention. Cependant, on conduisit les fuyards chez le général. Voici ce qui s'était passé.

Le major Lh..., commandant les francs-tireurs du Rhône, était logé à Chambœuf, éloigné d'environ 15 kilomètres de nous. Lh...., d'ailleurs brave militaire comme il l'a bien montré, ne connaissait pas assez les précautions à prendre pour se garder en campagne. Il était occupé à faire distribuer des cartouches à ses hommes réunis sur la place du village lorsque la sentinelle fit feu et donna l'alarme. Une colonne prussienne d'environ mille hommes, avec deux pièces d'artillerie légère, venait de déboucher des bois et d'entrer dans le village sans coup férir.

Ce fut une émotion, un désordre un sauve-qui-peut général. Le lieutenant C..., en montant à cheval, laissa tomber son revolver qui partit et lui blessa le pied; il fût resté aux mains de l'ennemi si le médecin ne l'eût emporté.

Voilà ce que savaient les fuyards, qui nous assuraient que le commandant, avec les quatre cinquièmes de la légion, devait être pris. Les malheureux avaient fui avec une telle célérité qu'ils ne s'étaient pas même retournés pour voir s'ils étaient poursuivis; et au lieu de rougir de leur lâche panique, ils juraient contre les paysans qui, disaient-ils, les livraient à l'ennemi.

Montés aussitôt à cheval, nous rencontrâmes d'autres fuyards dont nous n'obtînmes aucun renseignement positif. Enfin, nous vîmes un officier envoyé par le commandant lui-même.

La surprise avait eu lieu, en effet, et les francs-tireurs avaient dû évacuer à la hâte le village et se jeter dans les bois; là, le commandant réunissant ses hommes, fit un feu terrible sur l'ennemi qui les poursuivait la baïonnette aux reins. Abrités par les arbres, les francs-tireurs avaient pu faire reculer les Prussiens jusqu'au village d'où ceux-ci, avec leurs pièces de quatre, foudroyèrent les chênes de la forêt sans faire de mal à personne.

Le brave Lh..., honteux de sa faute, la répara en faisant un feu meurtrier sur les artilleurs ennemis qu'il chercha à tourner en s'aidant de la forêt, si bien que les Allemands durent se retirer à leur tour non sans avoir mis le feu à quelques maisons. Les francs-tireurs, rentrés au village, aidèrent les habitants à éteindre l'incendie; mais Chambœuf n'étant pas défendable, il fallut l'évacuer. Le lendemain, comme on le prévoyait, l'ennemi, voulant prendre une sanglante revanche, revenait trois fois plus nombreux.

La même nuit les tireurs francs-comtois, imitant le coup de main de Ricciotti à Châtillon, attaquèrent les Prussiens à Auxonne-sur-Aube; mais ceux-ci ne se laissèrent pas surprendre; la lutte, acharnée, fut moins heureuse pour nous.

L'obscurité empêchant l'usage du fusil, on se battit à l'arme blanche, et cette nuit fournit des épisodes aussi terribles qu'émouvants.

Un capitaine de francs-tireurs ayant enfoncé la porte de la chambre du commandant ennemi, fut reçu à coups de revolver et tomba sur le seuil, frappé de trois balles. Le Prussien, légèrement blessé, se jeta par la fenêtre dans un jardin, put monter à cheval et se sauver.

Les soldats me dirent avoir vu une belle jeune
fille blonde qui, légère comme un fantôme, portant une lanterne au milieu de la mêlée, guidait
nos soldats vers les habitations des Prussiens.

Cependant le quartier général s'était avancé
jusqu'à Labussière, à trois ou quatre kilomètres
de nous, tandis que la légion Tanara était en
marche avec les mobiles de Bligny-sur-Ouche,
pour nous rejoindre. La concentration s'opérait
rapidement et avec ordre. La première brigade,
commandée par le brave Bossack Hauke, composée presque entièrement de mobiles, était aussi
en marche. Dans l'air, on respirait l'âcre odeur
de la poudre; on pressentait une action décisive.
Les Prussiens lançaient leurs reconnaissances
avec plus de circonspection, tout en les multi-
pliant.

Un matin, après une nuit employée en courses, nous tous officiers d'état-major, nous faisions sécher nos manteaux devant le poêle de la
chaumière que nous habitions, lorsque le pas
rapide d'un cheval attira notre attention. C'é-
tait un officier chargé d'ordres pour notre général.

— Sais-tu ce que nous devrions bien faire? murmurai-je à l'oreille d'un collègue; — manger au plus vite un morceau, car il y aura disette aujourd'hui.

— Comment cela? dit le lieutenant Bonomi, en me montrant une cuisse de mouton dans la casserole sur le feu.

— Illusion, mon brave! ce gigot ne cuit pas pour nous. C'est du fruit défendu.

— Pourquoi cela?

— Tu vas voir que dans une demi-heure nous serons tous à cheval.

Le conseil parut bon et nous fouillâmes dans les armoires pour y découvrir quelque morceau; mais nous ne trouvâmes que du pain noir et pour ainsi dire fossilisé.

Enfin, moyennant quinze francs, l'un de nous se procura, dans le pays, les éléments d'un dé-jeuner, et je prévins le général, qui occupé de ses ordres et de ses cartes, me renvoya avec un geste d'impatience. Nous autres, mieux avisés, nous mangeâmes à la hâte; nous fîmes bien, car on envoya Baghino rejoindre les francs-tireurs de Colmar, tandis que le capitaine Druon et moi galopions derrière le général sur la route de Labussière.

Le quartier général était installé dans une magnifique maison de campagne dont le parc se trouva converti en camp.

C'était un va-et-vient continu de cavaliers et de fantassins. Les mulets rongeaient l'écorce des arbres, les guides cherchaient du fourrage et les chasseurs à cheval pansaient les bêtes.

Mes amis se moquèrent beaucoup de ma tenue, car mon uniforme était fort endommagé. Mon tricot rouge avait des trous à laisser passer un corbeau les ailes étendues; les pouces de mes pieds se faisaient jour à travers les bottes. Le foulard, jadis blanc, que je portais autour du cou, avait pris une couleur havane. Mon manteau était couvert de boue jusqu'au capuchon et mon sabre paraissait sortir des fouilles de Pompéi. Cependant mon ami Tironi me donna un verre de cognac que j'allais avaler lorsque je m'entendis appeler dans la cour. C'était le général qui me faisait demander.

— Où étiez-vous donc caché?

— Pardon, général, dans la cuisine où j'essayais de me réchauffer l'estomac avec une goutte de liquide, et les membres au feu du fourneau.

— Ah! bon. Je m'en doutais! dit-il, et il me remit deux grandes lettres. L'une était pour le commandant des francs-tireurs de Colmar, M. Eudeline; l'autre, pour le commandant Losthe.

— Recommandez-leur d'exécuter mes ordres avec la plus grande célérité.

— Général, où vous rejoindrai-je?

— A Pont-de-Pany où vous viendrez demain matin avec les francs-tireurs.

Je saluai et courus à l'écurie où l'on me fit grimper sur le Léviathan; je souhaitai un bon repas à mes amis qui riaient. Je partis au trot, en jetant un regard désappointé sur la colonne de fumée qui, s'élevant lentement du château, allait se perdre dans le brouillard.

La nuit me surprit en route et je m'égarai à travers un dédale de chemins inextricables. Enfin je vis dans les ténèbres une petite lueur; sans quoi, désespérant d'arriver, j'allais attacher ma bête à un arbre en attendant le jour, ce qui n'était pas gai, car la pluie tombait serrée, glaciale; or j'avais faim et soif.

Je marchais dans l'obscurité en tenant mon cheval par la bride; les bruits confus de la forêt agitée par le vent semblaient le murmure d'une troupe ennemie; celui des gouttes de givre tombant des branches, le chuchotement d'assassins méditant un mauvais coup. Le hennissement aigre de mon dromadaire, que je traînais plutôt que je ne le guidais, retentissait dans l'atmosphère humide et pesante et le choc de mon sabre sur les cailloux produisait un son métallique tout à fait sinistre.

J'essayai de me distraire en pensant au pays et aux amis lointains; je voulus allumer un cigare, mais les allumettes ne prenaient pas ou le cigare lui-même était rebelle.

Avec le froid, l'obscurité, la faim, je ressentais une impression de tristesse peureuse; je me rappelais les contes que, dans les longues soirées d'hiver, devant le feu de la cuisine paternelle, la bonne me répétait pendant mon enfance. En voyant la lumière lointaine je me pris à penser que j'étais moi-même le petit Poucet perdu dans la forêt. Cependant, guidé par cette lueur, je frappai à la porte d'une triste chaumière; une tête se montra timidement à une lucarne.

— Qui êtes-vous?

— Un officier garibaldien.

— Prenez patience, Monsieur, je vais venir.

J'attachai mon cheval qui ne cessait de hennir, et l'on me fit entrer dans la cuisine de cette pauvre demeure.

Elle était heureusement occupée par un garde forestier qui, séduit par une gratification, me guida jusqu'à Semezanges où, arrivé au bout de deux heures, je pus obéir aux ordres du général.

Le lendemain, nous étions à Pont-de-Pany, d'où nous partîmes la nuit pour Malain, car l'intention du général était d'attaquer au point du jour.

On avait donné l'ordre de ne pas allumer de lanterne; la rue était étroite, l'obscurité absolue, et la précipitation de quelques bataillons de la brigade Bossack partis trop tôt causa une confusion épouvantable.

Je devais donner aux légions italiennes le signal du départ. Le hasard voulut qu'en allant avertir la légion Tanara, je passai devant les officiers réunis dans un coin sombre, sans les re-

connaître, et je parcourus le front de la légion
en les appelant pour qu'ils eussent à faire prendre les armes. Les volontaires gouailleurs et
assez mal embouchés, profitant d'ailleurs de
l'obscurité et n'obéissant qu'à leurs chefs immé-
diats, m'assaillirent de brocards. On me plaisan-
tait sur ma voix rauque, enrouée comme celle
d'un cocher de fiacre, sur la taille gigantesque
et la piètre allure de mon cheval. Je m'impa-
tientai ; un officier subalterne que je n'avais pas
vu, prit le parti des soldats, et sans l'arrivée des
chefs de corps, j'eusse peut-être passé un mauvais quart d'heure. On s'organisa alors, mais le
village était mal à propos encombré de charet-
tes, de chevaux et de fantassins, le tout à cause
de la fausse manœuvre des bataillons partis trop
tôt.

Les chasseurs et les guides bouchaient la route
que nous devions prendre ; eux-mêmes ne pouvaient ni avancer ni reculer.

C'était une confusion digne de la tour de Ba-
bel. Les officiers criaient ; ordres et contre-or-
dres s'entrecroisaient par-dessus la cohue d'hommes, de chevaux et de véhicules. Pareil tumulte

arrive aussi dans les armées régulières, à la suite
d'un ordre donné ou exécuté mal à propos. Ici
l'obscurité et la défense de sonner du clairon à
cause du voisinage probable de l'ennemi, augmentaient le désordre. Ajoutez enfin la désagréable manie des mobiles qui voulaient marcher en portant l'arme à volonté tout en con-
servant la baïonnette au canon du fusil. Il en
résultait pour nous des égratignures au moment
des brusques arrêts.

— Otez les baïonnettes! criaient les cavaliers.

— Faites place! arrêtez! marchez! en avant!
en arrière!

La confusion ne faisait que s'accroître.

Je reçus du général une admonestation viru-
lente qui ne contribua pas à me remettre de
bonne humeur.

Cependant chacun reprit peu à peu son rang
et au tumulte succéda le silence; silence morne,
celui des marches nocturnes, interrompu par le
froissement des armes qui se heurtent, le pas
monotone des fantassins, l'observation humoris-
tique d'un soldat boute-en-train, ou les gémissements d'un pauvre diable à bout de forces.

« Marche! marche! » voilà le mot, dit la légende, que le Juif-Errant entend sans cesse retentir. Tel est aussi le mot d'ordre du pauvre soldat en guerre. Et quand il ne peut plus se tenir. — Marche! crient les arrivants. — Marche! hurlent les chefs. —Mais les pieds sont ensanglantés, les membres raidis.

— Marche! l'étape est voisine. Et le pauvre diable assujettit son sac, remet son fusil à l'épaule; la colonne dépasse le village où l'on devait faire étape.

— Marche, marche toujours!

La bataille n'est qu'un incident; c'est avec les jambes que se fait la guerre.

Tout à coup la tête de la colonne s'arrête; le soldat ensommeillé tombe le nez sur la nuque de son voisin de devant, les files se serrent, les crosses des fusils tombent lourdement en désordre à terre; les conversations interrompues recommencent doucement; on entend des exclamations, des bâillements, la toux des hommes atteints d'angine.

On se demande : « Sommes-nous arrivés? L'avant-garde a-t-elle rencontré l'ennemi? »

Mais la colonne s'allonge; la tête a recommencé sa marche; on a repris les fusils et les vides se sont faits dans les rangs.

« Marchez, marchez donc! serrez, serrez! » crient les officiers, et, pour regagner le terrain perdu, on accélère le pas; la queue est obligée de courir! Courir quand on ne se tient debout que par miracle! Et ces arrêts subits succédant à des marches forcées, peuvent se renouveler cent fois quand on est près de l'ennemi.

Ah! celui qui n'a pas goûté la gamelle et le pain bis en campagne, ne peut pas connaître les souffrances du soldat!

Cette fois, on s'arrêta sérieusement. Les plus fatigués se couchèrent au bord de la route; les officiers firent former les faisceaux; chacun s'assit. Heureux ceux qui trouvaient encore une goutte d'eau-de-vie dans leurs gourdes ou un morceau de pain au fond de la sacoche. Quelques-uns essayèrent de rencontrer un abri dans le village tandis que le plus grand nombre battait la semelle pour ramener un peu de chaleur dans leurs membres. En pareil cas, le soldat, avec son sabre-baïonnette, va couper les arbres si amoureusement plantés et soignés par le propriétaire ; des foyers s'improvisent. Le malheureux cultivateur, le lendemain, ne trouvera plus que des cendres et du charbon ; mais que faire ? Il était défendu d'allumer les feux. Pouvait-on cependant laisser une armée périr de froid ?

Nous étions arrivés à Malain.

— Ce n'est pas *malin* de passer une nuit comme ça, s'écria un loustic, amateur forcené de calembours.

J'attachai ma bête à la barrière du chemin de fer et me couchai, comme les autres, sur la terre nue, enveloppé dans mon manteau, la tête sur un tas de pierres retirées de l'ornière et rangées contre la cabane d'un cantonnier.

Je m'endormis ; ce fut pour me réveiller en sursaut en sentant mon cheval près de moi. Il s'était détaché, et cherchait en renâclant de quoi apaiser sa faim. J'eus la bonne fortune de rencontrer au village des amis complaisants qui me laissèrent partager leur gîte tandis que je trouvais une poignée de fourrage pour ma bête.

Le lendemain, de bonne heure, mon général était à cheval avec tous ses officiers. Depuis notre départ d'Autun, c'était la première fois que nous nous trouvions réunis, Sant'Ambrogio, le capitaine Baghino, Druon, les lieutenants Cassessa, Bonomi et Donadei; l'ami Seguin nous suivait avec la colonne.

Nous avions tous la figure couleur de parchemin. Je ne vous parle pas des malheureux soldats que la fatigue et le froid avaient rendus jaunes comme s'ils eussent eu une hépatite. Leurs uniformes, fangeux et couverts de brins de paille, pouvaient leur donner un aspect pittoresque, mais peu satisfaisant pour les yeux d'un général en inspection.

On avait renoncé à attaquer ce matin-là; la journée fut employée en reconnaissances et on choisit les postes qui semblèrent avantageux à nos chefs.

CHAPITRE V.

Le lendemain nous occupions les hauteurs de
Lantenay. Ricciotti, après son expédition de Châtillon, venait de nous rejoindre, monté sur une
magnifique jument anglaise prise à l'ennemi;
cela rendait plus pénible l'aspect de nos misérables rosses.

On avait envoyé des patrouilles de francs-
tireurs le long des bois pour épier les mouvements de l'ennemi. Les chasseurs à cheval
venaient d'explorer inutilement les environs.

Nous entendions bien, sur notre extrême
droite, une canonnade intermittente, mais les
Allemands nous avaient habitués à ce tapage en
tirant sur les villages ou dans les bois qu'ils sup-
posaient occupés par les francs-tireurs; aussi
pensait-on que les avant-postes ennemis s'amu-
saient à saluer les mobiles de Bossack.

On commençait à s'ennuyer quand l'un de nous crut voir, sur les hauteurs en face, des ombres presque imperceptibles à l'œil nu, qui allaient et venaient pour disparaître tout à coup et surgir de nouveau. Le colonel Canzio monta à cheval et se dirigea à toute bride vers le point signalé. Les vedettes ennemies se tinrent immobiles. A ce moment arriva un paysan, hors d'haleine, pour nous avertir que Prenois était occupé et qu'une forte colonne marchait sur Paques.

« Ah! ah! nous y voilà », pensai-je; et à notre gaieté succéda cette préoccupation mélancolique à laquelle, au début d'une bataille, n'échappent pas les plus braves.

A cheval! — Le général qui semblait rajeuni de vingt ans, envoya ses aides de camp dans différentes directions. L'artillerie que nous avions enfin obtenue, composée d'une batterie de campagne en pitoyable état et d'une batterie de montagne un peu mieux organisée, arriva, mais bien lentement, à cause de l'insuffisance des chevaux.

Le général parcourait les rangs, attendant que l'ennemi nous attaquât dans nos positions, qui étaient des plus avantageuses pour nous.

Cependant les hauteurs se peuplaient. On voyait distinctement aller et venir les cavaliers prussiens et les compagnies de marche, tantôt cachés, tantôt apparents sur les points culminants. Après avoir, de son côté, pris ses positions, l'ennemi s'arrêta.

Cette attente impatienta le général qui envoya quelques obus; le seul résultat obtenu fut la retraite des bataillons le plus exposés.

L'intention des Prussiens était évidente : nous attendre à l'attaque des villages qu'ils occupaient en nous obligeant de quitter nos hauteurs.

L'ordre d'avancer fut donné; en un clin d'œil la petite armée se mit en marche. Alors seulement l'ennemi parut sortir de son apparente inaction. L'artillerie, placée dans le village de Prenois, nous inonda d'obus qui éclatèrent au milieu de nous, sans cependent nous faire grand mal, éparpillés que nous étions en tirailleurs. Les projectiles s'enfonçant dans le terrain fangeux, éclataient et nous couvraient de boue plutôt que de mitraille; même en traversant le terrain découvert, nous n'eûmes que peu de pertes.

Le matin, le cheval du général en chef s'était abattu, ce qui, pour les plus superstitieux d'entre nous, semblait être un mauvais présage. Il avait fallu lui en donner un autre, mais il n'avait fait que rire de l'incident.

Nos lignes s'avançaient en bon ordre. On ne pouvait exiger mieux, même de vieilles troupes aguerries et disciplinées. Il s'agissait d'investir le village de Prenois. Nos francs-tireurs, abrités par les arbres, et la légion Tanara furent poussés contre la gauche de l'ennemi pendant que les francs-tireurs de Colmar, gagnant les hauteurs, se disposaient à le foudroyer en cas de retraite.

Les Italiens partirent à la course. Il y eut là une de ces méprises malheureusement si fréquentes en guerre; celle-ci n'amena aucun suite fâcheuse.

Du bois part une fusillade à laquelle ripostent les nôtres.

« Ne tirez pas! ne tirez pas! » crient les officiers; et nous, envoyés par le général, nous répétons l'injonction.

On s'est aperçu que le bois était occupé par

nos propres troupes qui, par mégarde, ont fait
feu sur les Génois. Enfin le quiproquo reconnu,
les nôtres s'avancent au pas de course à portée
du village; ils se forment en cordon; un feu de
mousqueterie éclate vif et continu, pendant que
nos mobiles marchent toujours avec un ordre
parfait. Mais notre artillerie de pacotille ne
peut sortir du terrain fangeux qu'à force de
bras; nos rosses apocalyptiques n'en viennent
pas à bout; il nous est impossible de répondre
au feu bien nourri des batteries ennemies.

Le général Garibaldi est des plus exposés, car
les artilleurs du village, maintenant très proches,
prennent les cavaliers pour cible.

Le sous-lieutenant Donadei a son cheval éventré
par un éclat de mitraille et se trouve lancé à dix
mètres de là, l'épaule fracassée contre un arbre.

— Général, ne vous exposez pas trop! osai-
je dire à Garibaldi au moment où un obus venait,
en éclatant, de le couvrir de boue des pieds à
la tête.

— Faites votre devoir et occupez-vous de ce
qui vous regarde, répliqua-t-il avec impatience.

Je me mordis la lèvre en me promettant de garder mes conseils pour moi à la prochaine occasion.

Cependant le combat continuait acharné, et le feu de l'ennemi commençait à se ralentir. Il était évident qu'il voulait se retirer en bon ordre. Une grosse colonne de cavalerie, à l'abri derrière le village, avait déjà gagné la hauteur hors de notre portée.

Nous serrions le village de plus en plus. En ce moment, nous eûmes l'espoir de l'enlever par un assaut hardi et de nous emparer des pièces qui continuaient le feu. Hélas! nous n'avions pas une cavalerie convenable à lancer sur la route qui mène au village pendant que les fantassins franchissaient péniblement les petits murs qui enserrent les jardins et les vignes. Les chevaux des guides, loin de pouvoir galoper, fournissaient à peine le trot pénible des rosses de fiacre éreintées par une longue course.

Le capitaine Blondet, du 7e chasseurs, commandait le peloton des chasseurs à cheval. Le colonel Canzio échange quelques mots avec lui. On rassemble les chasseurs, une quarantaine environ, qui étaient éparpillés. Au commandement du capitaine, ils s'élancent la carabine haute, courbés sur le cou des chevaux, jusqu'à l'entrée du village, ayant à leur tête ce colonel et leur capitaine.

Muets et anxieux, nous regardions le petit groupe d'hommes, qui comme des héros de roman galopaient au devant d'une mort qui semblait inévitable.

Aux abords du village, ils sont accueillis par une décharge terrible. Beaucoup de chevaux tombent et bien des cavaliers ne se relèvent pas. Le cheval du colonel a le cou traversé par une balle; c'est à pied que le colonel doit faire le trajet sous une pluie de balles, dont avant l'invention des armes modernes on ne pouvait se faire une idée.

L'exemple encourage nos tirailleurs. L'artillerie ennemie suspend son feu, car les Prussiens en retraite évacuent le village et mettent leurs pièces en sûreté, afin de continuer à s'en servir de dessus les hauteurs.

Enfin notre batterie arrive à temps pour saluer les bataillons ennemis, qui, le village évacué, se retirent en bon ordre quoique inquiétés par le feu de nos francs-tireurs.

Hurrah! à nous la victoire! Nous entrons à Prenois acclamés par les cris des habitants que la peur d'abord, et puis la joie d'être délivrés, ont rendus à moitié fous.

Mais Garibaldi ne veut pas laisser à l'ennemi le temps de se réorganiser. Il ne s'arrête que quelques minutes dans le village pour réunir la colonne et veiller à l'exécution de ses ordres pour que les mobiles suivent notre marche.

En avant! en avant! Fiers et joyeux, nos jeunes soldats remettent le fusil à l'épaule et, sans songer à la fatigue qui les accable, ils veulent courir sus à l'ennemi.

Le canon prussien tonne toujours; ce n'est plus que pour protéger la retraite.

En avant!

J'ai lu la relation de cette journée. L'écrivain raconte avoir vu, à l'entrée du village, Garibaldi en voiture causer avec le colonel Canzio appuyé à la portière; il ajoute d'autres particularités intéressantes. Comment a-t-il pu voir tout cela? La voiture du général n'a pas quitté Lantenay et Garibaldi est resté à cheval avec nous jusqu'à la nuit.

CHAPITRE VI.

Plus de trace de l'ennemi. Il se replie sur Dijon.

Le général avait à choisir entre deux partis.

Celui de se retirer sur ses positions du matin en occupant Prenois et Pâques, et celui de poursuivre l'ennemi, tenter sur Dijon un coup de main pendant la nuit, en profitant de la démoralisation momentanée des Prussiens et de l'ardeur de ses propres troupes.

Le premier parti qui semblait sage et prudent, ne l'était cependant pas. Le lendemain, l'ennemi serait revenu avec des forces quadruplées ; nos quelques milliers d'hommes, dépourvus de tout, eussent été écrasés par une artillerie formidable, à laquelle nous ne pouvions opposer que nos deux misérables batteries. Une retraite dans de pareilles conditions, sans cavalerie pour la protéger, notre peloton de chasseurs étant déjà fort entamé, une retraite, disons-nous, n'eût plus été qu'une effroyable déroute.

En attaquant nous-mêmes, à la faveur des ténèbres, nous pouvions vaincre, et en tout cas, vaincus, mieux effectuer la retraite.

Ceux qui connaissent la guerre savent quelle indicible panique une surprise nocturne et audacieuse jette dans les rangs ennemis.

Avec la décision hardie et rapide qui caractérise les faits d'armes du général, celui-ci résolut donc d'attaquer Dijon pendant la nuit. Le général Cremer devait le seconder en marchant de son côté sur Dijon. Il commandait, à Nuits, un beau corps d'armée d'environ 13.000 hommes, composé de régiments de marche et munis convenablement d'artillerie.

Nos pertes n'étaient pas sérieuses; raison de plus pour ne pas laisser se refroidir l'enthousiasme inspiré par le premier succès.

J'ai parlé des blessés. Un mot pour le brave dell 'Isola de Turin. A environ un kilomètre avant Prenois, nous l'avons trouvé couché sur le sol sans pouvoir le secourir.

Un éclat de bombe, une des dernières lancées par l'ennemi, lui avait cassé la cuisse. Pauvre jeune homme! il est retourné chez lui au milieu de sa famille qui le croyait mort pendant qu'il gémissait sur son lit de souffrance; il est retourné, mais misérablement mutilé et victime de son dévouement.

En avant! En avant!

La nuit était venue, il pleuvait; la colonne s'avançait en silence; avec la fatigue, les ténèbres et le voisinage de l'ennemi contribuaient à rendre nos soldats muets. On eût dit d'un convoi funèbre.

Ordre de retirer les cartouches. On nous fait parcourir les rangs pour recommander aux officiers et soldats de ne faire feu sous aucun prétexte et de n'employer que l'arme blanche.

Le général prodiguait les encouragements, causant avec les officiers ou disant, de sa voix sonore et vibrante, aux soldats :

« Vous êtes trempés, éreintés, vous avez faim.
« Si vous voulez du pain et du repos, vous savez
« ce qu'il faut faire : entrer à Dijon! »

— Vive le général! répondaient les soldats sans trop élever la voix.

Nous autres, jeunes gens, nous étions fatigués. La difficulté de l'entreprise et les ténèbres de la nuit affaiblissaient notre ardeur. Mais lui, en face du danger, ne sent ni la fatigue, ni l'hésitation, ni la crainte. Dans ce corps débile, ravagé par les années et les blessures, les épreuves d'une vie agitée sur les champs de bataille ou le pont des navires, on dirait que se loge la force du lion, en même temps que sa bravoure. Depuis onze heures il était à cheval et, pour tout repas, il avait pris un verre d'eau fraîche; la force morale le soutenait.

Les gens qui n'acclament que le succès ont admiré Garibaldi triomphant; mais ses compagnons d'armes, ceux qui l'ont vu de près, peuvent l'apprécier dans les moments d'adversité, quand tout lui est contraire, car alors se révèlent l'élévation de son âme et la vigueur de son caractère énergique.

La colonne, plus silencieuse que jamais, se remit en marche.

La compagnie génoise était à l'avant-garde;

après elle, Ricciotti et ses francs-tireurs, puis la
légion Tanara et les francs-tireurs de notre
brigade. Derrière, venaient les régiments de
mobiles des Basses-Pyrénées, des Basses-Alpes et
des Alpes-Maritimes.

Nous rencontrons une petite voiture à un
cheval que l'on met en réquisition pour le général. Après avoir chevauché pendant onze
heures de suite, il a bien droit à ce repos.

Dans le silence de cette nuit monotone et pluvieuse, on n'entendait que le bruit cadencé des
pas et le froissement métallique des sabres-baïon-
nettes contre les jambes des soldats; dans l'obscurité on entrevoyait vaguement la masse noire
et lente s'avancer comme un serpent gigantesque
en suivant les sinuosités de la route. Des nuages
de vapeurs sombres et condensés s'élevaient en
dessinant sur le ciel sans étoiles, des figures fan-
tastiques.

Calme et lourdeur de plomb qui précède l'o-
rage! Quelques minutes encore et les clameurs
de la bataille retentiront sous la voûte opaque
du ciel. Le sifflement des balles se mêlera aux
détonations des fusils; les cris des blessés, les

gémissements de l'agonie seront étouffés par les clameurs des vivants, courant eux-mêmes au-devant de la mort en trébuchant dans les ténèbres!

Les Génois arrivent au premier poste prussien et sont accueillis par une furieuse décharge. Sans riposter, ils foncent à la baïonnette, massacrant tous ceux qui n'ont pas fui.

— Vive la République! s'écrie-t-on. Le clairon et les tambours des mobiles sonnent la charge; les colonnes s'élancent au pas de course.

De la ferme de Changey, occupée par la grand'-garde prussienne, part une nouvelle fusillade; mais bientôt l'ennemi l'abandonne pour se replier sur Daix.

C'était une scène terrible. A chaque décharge, quelqu'un des mobiles, novice ou effrayé, malgré la défense, faisait feu; sa balle se perdait en l'air à moins qu'elle ne frappât l'un des nôtres qui le précédaient. Et chacun de ces coups isolés provoquait une centaine d'autres explosions. La confusion était indescriptible.

A force de gestes et de cris, les officiers essayaient de faire cesser le feu. Mais la peur n'écoute guère les conseils. A peine apaisées sur un point, les explosions reprenaient de plus belle sur un autre.

Les plus poltrons se trouvant ainsi entre deux feux, celui des amis et celui des ennemis, se jetaient dans les fossés où s'écartaient du chemin.

La compagnie génoise, en première ligne, était commandée par le capitaine Razzeto; derrière elle les francs-tireurs et la légion Tanara s'avançaient toujours, malgré l'hésitation et la panique partielle des mobiles. A l'horizon lointain, on entrevoyait la masse noire de la ville, au-dessus de laquelle montaient des nuages rougeâtres. Les lumières de la vieille cité bourguignonne donnaient cette teinte particulière aux amas de brouillards dans le ciel.

— Vive la République! En avant! en avant! Et au milieu du tapage des armes à feu, des clameurs, des vociférations des officiers et soldats, on entendait le bourdonnement des tambours et les notes aiguës des clairons.

De temps à autre la panique reprenait, plus forte; on voyait des compagnies entières de mobiles s'arrêter ou reculer. Parfois leurs officiers et ceux de l'état-major parvenaient à les faire retourner à force de cris, de jurons et même de coups de plats de sabre sur le dos des plus poltrons.

Le général Garibaldi, dont le cheval refusait obstinément de marcher, avait dû accepter l'aide de quelques hommes de bonne volonté qui traînaient sa voiture. Du haut de son véhicule, il encourageait les soldats et sa voix retentissait terrible au plus fort de la bataille.

Les décharges de l'ennemi se multipliaient plus rapides et plus meurtrières. Malgré tout on gagnait du terrain.

Le général m'ordonna de me porter à la tête de la colonne pour lui dire au retour où elle était arrivée : je partis donc en trottant le mieux possible, mais ma marche était ralentie par des groupes de fuyards ou des compagnies entières de *moblots* qui s'étaient jetés à plat ventre sur la terre pour éviter les balles. Ma jument était obligée de piétiner sur tous ces corps de gens blessés, tués ou bien portants.

L'avant-garde, poussée par Ricciotti, était arrivée sous Talant, près des maisons situées au

pied même de la colline. La fusillade y était très
vive, mais moins dangereuse, car les balles, passant au-dessus de nos têtes, allaient frapper
l'arrière-garde.

Ne connaissant pas les lieux, je crus que ces
maisons étaient celles d'un faubourg de Dijon
et je criai sur mon passage, au retour, que nous
entrions dans la ville. Il y avait erreur de ma
part et aussi, un peu de stratagème. Cette bonne
nouvelle, quoique fausse, redonnait du courage
aux récalcitrants qui sortaient des fossés et faisaient quelques pas en avant.

Circonspects et courbés, ils s'avançaient, non
sans lâcher de temps à autre un coup de fusil;
les projectiles menaçants passaient sur nos
têtes. Mourir d'une balle prussienne, rien de
mieux; on s'y attend. Aller à la bataille ce
n'est pas précisément aller à la noce; mais
se faire tuer par les siens, voilà qui est par trop
ridicule.

Je vis un cheval sans cavalier qui fuyait au
galop. Je crus reconnaître celui du capitaine
Baghino; craignant que celui-ci ne fût blessé,
je l'appelai de toutes mes forces.

Il n'était pas très loin de moi et il me répondit
en se soulevant péniblement de terre.

— Es-tu blessé? demandai-je.

— Légèrement; une balle morte m'a frappé le
genou pendant qu'une autre blessait mon cheval.

— Veux-tu ma jument?

Je descendis et j'aidai mon ami à se remettre
en selle. Après une rapide poignée de main et
un souhait de bonne chance, je me remis à courir pour rejoindre le général, tout en continuant
à crier que nous entrions dans Dijon.

Le général, qui s'était toujours avancé, m'en-
tendit. Croyant vraiment que l'avant-garde entrait en ville, pour ranimer les soldats, il se leva
sur sa voiture et entonna : *Mourir pour la patrie!...* Les plus voisins, au milieu d'une pluie de
balles, firent chorus.

Obligé d'aller à pied, je demandai la permis-
sion de déposer sur l'avant de la voiture, mon
manteau qui, trempé, couvert de boue, pesait
comme une armure de fer. J'imitai Menotti qui,
pour décider les poltrons à avancer, s'égosillait
et parfois frappait du poing. A ce moment la
fusillade ennemie reprit si furieuse, si bien

nourrie, si terriblement dirigée, que tous les soldats autour de nous, se jetèrent, au hasard, par terre ou dans les fossés bordant la route. Le général, son fils et les officiers de son escorte restèrent seuls debout.

Un torrent de fuyards descendit sur nous; plusieurs furent renversés et piétinés par le flot toujours grossi des arrivants.

« En avant! donc! canailles! lâches! tas de moutons!.. et les coups de poing et de plats de sabre tombaient dru comme grêle. Peine perdue! A chaque décharge, tous, comme foudroyés, plongeaient dans la boue et les fossés. Si la fusillade s'apaisait un peu, ils se relevaient, ceux du moins qui le pouvaient, car plusieurs étaient tombés pour toujours; c'était pour reprendre leur course folle et se jeter encore par terre à la décharge suivante.

On fit tout ce qu'il était humainement possible, afin d'arrêter la fuite des mobiles. Cela ne se pouvait plus, d'autant mieux que notre vaillante avant-garde, n'étant pas soutenue, dut se replier en désordre sous une grêle inouïe de projectiles.

Le colonel Canzio, Menotti et tous prièrent le général de se retirer. Il ne le voulait pas. Si nous devions reprendre le chemin de Lantenay, il tenait à rester le dernier sur le champ de bataille. Il fallut user de violence et faire reculer la voiture.

— Vous voulez donc que je sois blessé par derrière? criait-il avec colère.

Nous, si respectueux et si soumis, nous nous laissâmes aller sans remords à notre première insubordination. Sans le général, notre retraite eût été une déroute; notre insuccès un désastre irréparable...

CHAPITRE VII.

Comprenez-vous les douleurs d'une retraite après un échec? Oh! que d'espérances déçues! La route parcourue le matin, alors que vous saluaient les plus douces promesses, il faut la reprendre maintenant. Mais au lieu de fleurs ce sont des cadavres sur le chemin; au chant matinal des oiseaux succèdent le gémissement des blessés, le râle des agonisants. Joyeux, confiants, pleins de courage et de vitalité, vous paraissiez défier les souffrances et la mort : vous voilà maintenant courbés, la respiration haletante, accablés par le jeûne; et cependant vous n'avez pas faim! La soif dessèche votre gosier, vos os sont endoloris; de temps à autre, anxieux, vous tendez l'oreille pour savoir si l'ennemi ne vous poursuit pas.

Non, ils ne nous poursuivaient pas les Prussiens, car ils avaient fort à faire derrière nous.

L'audacieuse attaque de Garibaldi les avait surpris; ils ne s'y attendaient pas. Cette poignée d'hommes désorganisés, mal armés, les relançant jusqu'aux portes de Dijon, leur avait fait perdre la tête. Les habitants nous ont raconté depuis, qu'à la suite d'une panique subite, croyant que l'on ne tiendrait pas, les chefs s'étaient mis en mesure d'évacuer la ville. Oh! si les mobiles avaient pu conserver un peu d'immobilité!

L'on n'était pas joyeux chez nous, mais il paraît que les Prussiens ne riaient pas non plus.

La retraite, d'abord précipitée et désordonnée, devint moins confuse. Les bataillons mêlés les uns aux autres se reformaient; l'artillerie reprenait son ordre de marche et la cavalerie n'allait plus pêle-mêle avec les fantassins.

Notre marche n'avait donc pas trop les allures de la déroute. Dans les ténèbres on voyait moins la tenue individuelle des soldats couverts de boue jusqu'aux cheveux. Ceux qui s'étaient jetés dans les fossés ressemblaient à ces ébauches de terre glaise que l'on voit dans les ateliers de sculpture, plutôt qu'à des hommes en chair et en os. C'était une armée en boue!

Il pleuvait toujours. L'humidité, le froid, la fatigue, la faim, le découragement, devenus les alliés du roi Guillaume, faisaient de cette nuit une nuit de désolation.

Ce qui nous serrait affreusement le cœur, c'était l'impossibilité de secourir les nombreux blessés. Dans cette journée si brillante au début et si misérablement terminée, pas d'ambulance, pas une seule charrette. Il fallait abandonner ceux qui étaient gravement blessés, sans secours, au bord du chemin; les autres, soutenus par leurs compagnons, suivaient, tant bien que mal, la colonne.

Sur la voiture du général et les caissons d'artillerie, on avait pu loger quelques rares privilégiés.

On arriva devant une maison isolée où le général fit arrêter la voiture pour confier aux habitants les trois malheureux qu'il avait recueillis. L'un d'eux était mort en chemin; il n'y avait plus d'espoir pour les deux autres.

Je repris mon manteau qui avait couvert le mort; il était plein de sang.

D'autres infortunés furent accueillis dans cette

maison hospitalière et Mme Mario s'occupa
d'eux.

Il faut me permettre ici une digression en
faveur de Miss White, femme Albert Mario, car
j'aurai beaucoup à parler d'elle dans le cours
du récit. Je dirai seulement que, dans toute la
force du terme, elle fut une héroïne; infatigable, courageuse jusqu'à la témérité, elle devint
la providence de l'armée des Vosges.

Elle fait le bien avec une certaine brusquerie
effarouchante. Secourir les blessés au loin et
les soigner dans les hôpitaux, aller les chercher
sous une pluie de mitraille, c'est tout un; et
ces choses, elle les fait sans l'ombre de fanfaron-
nade ou de respect humain.

Elle a pu, quelquefois, abuser de sa position
et devenir le fléau des corps sanitaires, en con-
trôlant médecins et ambulanciers. Attachée au
quartier général comme correspondante de
plusieurs journaux anglais et américains, elle
a fait à elle seule plus que tous les guérisseurs
officiels.

On la rencontrait partout; et partout elle avait
un poulet pour les malades, quelque cordial

pour les gens mourant de soif, des bandes, de la charpie à l'usage des blessés.

Pour ceux-ci, là où le plus féroce réquisitionneur ne pouvait se procurer un âne, elle savait trouver chevaux et voitures, afin de transporter les victimes. Ce qu'elle voulait elle le voulait si bien que maires et conseillers municipaux se seraient attelés eux-mêmes plutôt que d'oser le lui refuser.

— Ce n'est pas une femme, c'est un diable! me dit un jour le secrétaire de la mairie de Bligny.

Diable soit, mais diable bienfaisant; et nous eussions bien voulu en avoir plusieurs de son espèce pour suppléer la scandaleuse insuffisance des ambulanciers envoyés par le gouvernement de Tours.

On arrive à Darois. Sans s'y arrêter, nous confions plusieurs blessés aux habitants de ce village et nous reprenons la route de Lantenay tellement harrassés que nous pouvons à peine nous tenir debout.

Je dois avouer que mon étoile, si peu providentielle durant ma campagne de France, daigna briller un peu.

Je marchais avec la colonne en traînant péniblement mes grosses bottes pleines d'eau et de
boue. Mes éperons, amère ironie pour un cavalier démonté, ne servaient qu'à amasser la fange
dans les fentes de la chaussure. Il me sembla
qu'une grosse chose grise s'avançait sur la
même ligne que moi. En y regardant mieux,
je vis que cette chose avait quatre jambes, plus
deux autres qui lui battaient les flancs... c'était
ma propre jument, montée et malmenée par
un franc-tireur qui la talonnait, lui martyrisait
indignement la bouche en tirant sur la bride.

— Ce cheval est à moi, descendez!

— Jamais!

— Ah! jamais! nous allons voir cela! — et
d'une étreinte rapide, je saisis si bien mon
homme en l'attirant à moi, qu'il tomba d'abord
entre mes bras, puis dans la boue. La jument
m'avait aidé à sa façon, en ruant et levant la
croupe en manière de protestation.

Mais, fatal revirement des choses d'ici-bas!
quand je mis le pied à l'étrier, les courroies
étant relâchées, la selle tourna et je tombai.
Mon étoile pâlit encore; le franc-tireur, qui se

débattait en jurant dans la boue, était vengé.
Enfin je parvins à tout remettre en ordre et
pus arriver sain et sauf jusqu'à Lantenay.

Moins heureux que moi, St-Ambrogio dut y
aller sur ses jambes.

Mais Baghino, direz-vous, auquel vous aviez
prêté votre monture, que devient-il?

Je puis vous affirmer qu'à présent il se porte
bien; mais alors je crus qu'une balle prussienne
l'avait conduit dans l'autre monde. En arrivant,
chaque soldat étant à la recherche d'un peu de
nourriture et d'un abri, il y eut aux portes un
tapage infernal; les pauvres habitants durent se
croire au jour du jugement dernier. Les écuries,
étables, greniers et remises regorgeaient de
soldats. Dans un village comme Lantenay il
n'y avait pas de logement pour tout le monde.
Les plus harassés s'étaient laissés tomber dans
la boue. Autour du magnifique château, les
feux des bivacs éclairaient la campagne de
teintes rougeâtres.

Au quartier général, les officiers, étendus sur
le sol, s'étaient enveloppés de leurs manteaux
trempés et fangeux.

Le général n'était pas de trop mauvaise humeur; quand je l'approchai, il causait avec le colonel Canzio, si intrépide le matin, Ricciotti, Menotti et quelques autres officiers, tout en mangeant ensemble un peu de pain noir et de fromage, le tout arrosé de ce bon vin dont la Bourgogne est si prodigue.

On m'offrit quelques cigares pour moi et mes collègues, cadeau inappréciable pour un homme qui n'a pas fumé depuis deux jours.

Le général, qui ne semblait pas très fatigué, se préoccupait des moyens de défendre Lantenay en cas d'attaque. Il ne pouvait comprendre combien cette nuit fatale avait démoralisé même les plus vaillants. Son secret consiste à oser toujours sans jamais désespérer, mais que faire avec un tas de moutons qui, n'étant même pas poursuivis, jetaient leurs armes pour fuir plus vite?

La matinée suivante apporta la réalisation de nos pressentiments.

Le 27 novembre, à onze heures, Mme White Mario venait d'arriver, après avoir passé sa matinée à ramasser les blessés et à les mettre sur

les charrettes, qu'avec son activité habituelle,
elle avait su se procurer. Elle avait fait plus;
les armes, jetées par nos mobiles, avaient été
recueillies et placées dans des charrettes supplémentaires. Elle venait nous rejoindre sans se
préoccuper de la colonne prussienne qui, sortie
de Dijon, préparait la voie à toute l'armée de
Werder. L'ennemi voulait une revanche dans la
journée même.

Nous apprîmes donc par elle et nos avant-
postes, qu'il n'y avait pas de temps à perdre et
qu'il nous fallait occuper de suite le haut plateau, théâtre de la bataille du 26.

La voiture du général était déjà sur la hauteur; les bataillons marchaient pour prendre
position quand les premières fusillades nous
annoncèrent la présence de l'ennemi.

Menotti, impatient, n'attendit pas son cheval
et partit avec le bataillon des Basses-Pyrénées,
le meilleur des mobiles de la brigade, pendant
que la légion Tanara était déjà dans le bois
pour soutenir la légion Ravelli et les francs-
tireurs qui se battaient depuis une demi-heure.
Il va sans dire que légions et bataillons comp-

taient à peine la moitié de leur effectif. Beaucoup de monde s'était dispersé pendant la fuite
nocturne; aux premiers coups de feu, la route
de Pont-de-Pany était déjà noire de mobiles
qui, bien loin de *mourir pour la patrie*, se
précipitaient vers Autun avec un enthousiasme
digne d'une meilleure cause.

Mais soyons juste et ne confondons pas les
individus avec la masse. Le général Menotti
sait bien qu'il y eut des gens très braves. Ne
pouvant plus tenir, il se lança désespérément à
l'assaut de Pâques, avec une poignée d'hommes
composés d'Italiens et de francs-tireurs. Entre
les volontaires et les malheureux paysans
brusquement improvisés soldats qui compo-
saient les compagnies de mobiles, il y a des
abîmes.

Quand je me jetai en courant dans le sentier
qui mène à la hauteur, le flot de fuyards était
tel, qu'avec le lieutenant Scotti des guides et
quelques autres amis, il fut impossible de
l'arrêter. Nous n'y gagnâmes que des coups de
fusil adressés par derrière, sans doute pour se
venger des injures et des moqueries que nous

avions prodiguées aux poltrons. Hélas! quand on a peur, on peut devenir assassin.

Le canon grondait sourdement; aux batteries ennemies nous ne pouvions opposer que notre misérable artillerie de montagne. La batterie de douze avait disparu. Le général envoya en vain ses lieutenants de tous les côtés pour la retrouver.

Celui qui la commandait, et qui, depuis, se conduisit fort bien à Dijon, avait décampé sans rien dire pendant la nuit, en affirmant qu'avec son matériel on ne pouvait pas tenir en campagne.

Peut-être dans la circonstance actuelle avait-il raison; mais il aurait pu, sans inconvénient, prévenir le général.

Les bataillons prussiens avançaient lentement; à leurs assourdissants hurrahs quelques-uns des nôtres répondaient encore par une fusillade nourrie. Je dois dire que, dans cette journée désastreuse, plus encore que dans une journée de victoire, les chemises rouges ont soutenu leur réputation légendaire.

Beaucoup de journaux ont raconté en y

mêlant des exagérations malveillantes, les détails de notre défaite, mais, avec le temps, la vérité se fait jour.

Le signal de la retraite fut donné; les crêtes des collines se couvrirent de soldats qui ripostaient en se retirant lentement. Je parle de ceux qui sont demeurés fermes au poste. Les autres étaient déjà loin.

Le diable s'en mêlait. La pluie glacée, qui tombait depuis la matinée de la veille, nous accompagna dans cette triste étape le long de notre *via crucis*. A Malain, on fit halte pour rassembler le peu d'hommes qui restaient. Fort heureusement, le général Werder semble imbu de notre proverbe : *Chi va piano va sano;* malgré son avantage, il ne nous poursuivit pas et il nous laissa le temps de ramasser nos blessés et de réunir notre matériel.

La retraite s'effectua par Sombernon, Commarin, Vendenesse. Nous arrivâmes le soir, avec le quartier général, à Sombernon. La confusion y était indicible. Sous la pluie qui ne cessait pas, on voyait des groupes de soldats sans chefs, des chefs sans soldats, des compagnies de francs-tireurs n'ayant que le dixième de leur effectif, et une foule *d'amateurs* s'occupant de trouver un logement et des vivres beaucoup plus que leurs compagnies respectives. Fort peu de mobiles. Ceux que nous y trouvâmes ne cherchaient qu'un repos passager pour reprendre la force d'aller plus loin. Ils ne rougissaient pas de nous abandonner aux avant-postes, avec une poignée d'hommes !

Ceux-ci, dois-je avouer mes craintes, grâce à la fatigue, à la faim, au froid, au malaise général, auraient probablement, eux aussi, tourné les talons à la première attaque.

Nous étions quatorze ou quinze autour d'un gigot de mouton et d'une oie très maigre. Je me décidai à chercher une meilleure fortune ; je me rappelai l'aimable accueil du maire de Sombernon et le suave parfum du dîner qu'il m'avait offert ; mais auquel, hélas ! je n'avais pas touché.

Mes espérances furent vite dissipées. Sa maison était assiégée par une masse d'Italiens et de francs-tireurs réclamant des billets de logement. Le pauvre maire, ayant perdu la tête, ne savait plus que faire. Je ne voulus pas augmenter ses embarras.

Quelle triste situation que celle des maires français pendant la guerre! Menaces des Prussiens, emprisonnements, tiraillements et ennuis de tous les côtés. C'était pis que le métier de Figaro dans le Barbier de Séville! Maire, ici! maire, là! maire, à manger! maire, à dormir! chevaux! charrettes! paille! avoine! etc., etc., le tout dans mille et un dialectes, du piémontais au basque, du sicilien au bas-breton et au patois d'Alsace! Mais ce qu'il y avait de plus terrible était le français de mon ami Canessa moitié génois et moitié sanscrit.

« Il vaut mille fois mieux être soldat que maire, me disait l'excellent maire d'Ivry. Les soldats peuvent se replier, mais nous, immobilisés, puis ballottés de l'ennemi aux amis, nous avons toujours la perspective d'un revolver braqué sous le nez! »

Le fait est que ce pauvre homme fut, plus tard, après l'armistice, arrêté et conduit comme otage à Dijon, où il resta longtemps captif pour ne s'être pas plié aux exigences du vainqueur.

Mais revenons à Sombernon. Pendant que je cherchais de la pâture, je vis un tout jeune homme blessé que l'on descendait d'une charrette. On m'apprit que c'était un certain Rizzoni, de Milan. Condamné, il avait la pâleur de la mort sur le visage et le râle de l'agonie accompagnait sa respiration haletante.

Pauvre enfant! et vous, pauvres mères, vous nourrissez, vous entourez de mille soins délicats et affectueux l'être sur lequel reposent tant d'espérances. Un jour l'objet de ces espérances et de cette affection vous est arraché. L'enfant va mourir au loin sur les champs de bataille étrangers, victime de cette déesse qui a fait tant de martyrs, la liberté! Rizzoni mourut le soir dans la maison du maire, entre les bras de l'ami Canessa, entouré des affectueux secours de l'excellente famille du maire. Il cessa tranquillement de vivre et passa sans secousse de la vie à la mort. On s'aperçut que l'existence avait fui, avec un sourire, entre les lèvres pâlies du jeune garibaldien.

Il repose dans le cimetière de Sombernon. Que la terre lui soit légère!

Au diable la mélancolie! parlons des vivants et laissons les morts.

Il n'y avait donc rien à espérer dans la maison

du maire. En route, pèlerin! reprends le bour-
don et la panetière en chantant avec le poète :
« Bienheureux celui qui n'a jamais vu la fumée
des maisons étrangères! »

Nouvel enfant prodigue, je rentrai au quartier
général, où le veau gras se réduisit à l'os du gigot dévoré par mes camarades qui se moquèrent
de moi.

Certains journaux ont insinué que les garibaldiens étaient de vrais cannibales. Ici se place un
épisode que je ne puis passer sous silence. A
l'attaque de l'avant-poste prussien dans la nuit
de Dijon, un Génois, qui brandissait la crosse de
son fusil sur la tête d'un Badois, se laissa attendrir par la posture suppliante du malheureux.
Il l'épargna et le fit prisonnier; c'était un trophée glorieux mais gênant, un trophée famélique. Le volontaire génois partagea donc avec
lui sa maigre pitance, et dut le protéger contre
certains drôles qui ne craignirent pas de mal-
traiter un pauvre diable désarmé.

Nous finissions notre piteux repas lorsque le
Génois entra avec son prisonnier en demandant
ce qu'il fallait en faire.

Le renvoyer au camp prussien eût été l'exposer aux coups de nos avant-postes et à ceux des habitants. On le recommanda aux officiers génois; en attendant, on lui versa à boire et on l'invita à attaquer les restes du pain et du fromage.

Grande stupéfaction du malheureux qui s'attendait à être fusillé.

Pas caput? demanda-t-il timidement après avoir satisfait son large appétit.

— Non, non pas *caput*. Prisonniers avec Garibaldi, jamais *caput!*

Il comprit et pleura de joie.

L'un de nous crachait quelques mots allemands; on interrogea le prisonnier sur sa famille, l'armée de Werder et autres détails.

C'était un pauvre menuisier de Bade, aussi peu soucieux de se battre que d'être fusillé. Il nous intéressa; sa fortune fut faite. Les officiers génois le gardèrent avec eux et l'admirent à leur table.

C'était plaisir de voir les soldats essayer de causer avec lui en disant mille choses aimables. Il se mettait toujours à droite du rang dans la position du soldat sans armes lorsqu'on commandait : Garde à vous! — et sa tenue raide contrastait singulièrement avec la désinvolture de certains volontaires. Il fallait voir avec quel profond respect il saluait le général et avec quelle reconnaissance il répondait « Danké » quand on le faisait trinquer avec les hommes.

À Autun il fut remis au commandant de place et il ne se sépara de ses nouveaux camarades qu'en versant des flots de larmes.

Ceci prouve que les garibaldiens sont des cannibales!

CHAPITRE VIII.

Le départ de Sombernon devait s'effectuer à l'aube, mais Garibaldi ne voulait se retirer qu'après avoir réuni les derniers restes épars de l'armée. Les légions italiennes n'arrivaient pas; il fallait faire partir en avant les blessés transportables.

Les derniers mobiles et presque tous les francs-tireurs nous avaient précédés pendant la nuit. A Sombernon, il ne restait que ceux de Ricciotti fort diminués, quelques Italiens qui avaient précédé les autres, le peloton des guides commandés par Scotti, le dixième escadron du 7e chasseurs à cheval et la compagnie réduite de moitié.

Heureusement les Prussiens marchaient comme des limaces; en nous attaquant le matin ils nous eussent fort malmenés. Mais la lenteur phénoménale de Werder et la fermeté tenace de Garibaldi nous assurèrent une retraite très calme.

Depuis quatre heures nous étions à cheval. Les

Italiens n'arrivèrent qu'à neuf. Les dernières charrettes de blessés venaient de partir avec les parcs d'artillerie; mais les soldats n'avaient pas mangé, à peine dormi. Il pleuvait toujours, les routes étaient des étangs fangeux; en somme, nous nous trouvions dans des conditions déplorables.

Garibaldi, depuis le matin, se promenait devant la maison qui avait servi de quartier général. Il était sérieux mais non pas triste, s'entretenant familièrement avec les officiers et les soldats. Les francs-tireurs se pressaient pour le saluer, lui serrer la main, obtenir un mot de lui. De temps à autre, de ces groupes de soldats affamés et démoralisés sortait un cri : Vive Garibaldi! vive la République!

Cet homme possède vraiment un singulier pouvoir de fascination. Le pain manquant, il fit distribuer une forte ration d'eau-de-vie, ce qui certes ne donne pas à manger, mais rend un peu de force aux gens exténués, un peu de chaleur aux hommes glacés, et de la joie factice aux plus démoralisés.

— Allons, les enfants, en marche! Les clairons entonnent leur refrain et la colonne prend le chemin de Rouvres sous Meilly que je connaissais si bien.

Nous laissâmes Sombernon, le cœur serré, car nous ne nous faisions pas d'illusion. L'ennemi occuperait le village dans la journée. Les pauvres habitants qui, pâles et muets, assistaient à notre défilé, le comprenaient aussi. Adieu, Sombernon! non, au revoir! A vous, habitants hospitaliers, merci et salut! A nous la voie douloureuse de la retraite. A vous le chagrin et l'humiliation de voir votre sol foulé, vos maisons envahies par le puissant étranger qui va entrer en vainqueur dans vos murs!

— Nous reviendrons, disaient les soldats aux pauvres femmes effrayées. On ne répondait qu'avec le triste sourire de celui qui n'espère plus.

De Sombernon à Commarin le trajet est court. On laissa à droite, au fond d'une vallée, le village d'Echennay; on traversa Montoillot et enfin on arriva à Commarin, où s'élève le château hospitalier et splendide du vicomte de Vogüé.

Les vastes cours, l'immense écurie, les grandes remises furent remplies d'hommes et de che-

vaux. Dans les maisons furent répartis les soldats, qui, depuis la bataille de Pâques et Prenois,
n'avaient presque pas eu de repos.

Les villages voisins fournirent du pain, de la
viande et du vin qui se trouve toujours dans
la riche Côte-d'Or. Enfin on put se délasser.

Garibaldi, ayant installé l'état-major au château, ce fut chose réconfortante que de voir
serviteurs et servantes courir dans les cuisines,
et d'entendre le doux bruissement des casseroles
d'où s'exhalaient des parfums célestes.

En temps de guerre, les poètes perdent cent
pour cent.

Pauvres lauréats! pauvre Virgile, vous tous
qui chantez si bien le murmure du ruisseau,
l'épanouissement des fleurs, le sourire du ciel,
l'émeraude des prairies, le bruissement du feuillage, vous qui narrez les poétiques amours
des Cloris et Tityres au sifflement des pipeaux
et aux miaulements de la cornemuse, franche-
ment vous devenez bien pâles!

Le concert des marmites est mille fois plus
mélodieux pour le pauvre soldat affamé.

Gigots rôtis, côtelettes et beefsteaks, délicieux

coulis! que n'ai-je la lyre de lord Byron pour célébrer les pantagruéliques exploits dont vous fûtes victimes!

Le brave intendant qui m'avait donné du vin de la comète, se surpassa. Excusez ces digressions gastronomiques. Ève a bien perdu le paradis pour une pomme; Ésaü a changé son droit d'aînesse contre un plat de lentilles; cependant ils ne battaient pas en retraite devant les Prussiens! A table, on parla beaucoup des incidents de la bataille. Les héros de tous les récits furent Canzio et le capitaine Bondet, des chasseurs, qui avaient si bien exécuté l'attaque de Prenois. Canzio fut promu au grade de colonel, car il n'était que lieutenant-colonel, et Bondet à celui de chef d'escadron. Jamais avancements ne furent si bien mérités.

Il y eut aussi d'autres promotions justes également; mais dans un camp de volontaires, avec des officiers souvent improvisés, les avancements ressemblent à la pomme de Pâris. Ceux que l'ordre du jour ne mentionnait pas se mordirent les lèvres et félicitèrent les *pauci electi* peut-être avec certaines restrictions mentales.

La soirée se passa joyeusement. On oublia les Prussiens. Tristes souvenirs de la nuit de Dijon, où étiez-vous? Si celui des amis morts et blessés n'était venu atténuer cette allégresse, nous n'aurions même pas pensé qu'à quelques kilomètres de nous, s'avançait, forte et compacte, toute une armée; elle marchait contre quelques centaines d'hommes mal outillés, restes d'une petite armée qui venait de fondre comme un tas de neige au soleil.

Ce qui détonnait un peu et donnait une piètre idée de notre situation, c'était notre équipement. Je me trouvais déjà en guenilles depuis les jours qui précédèrent notre retraite; et maintenant dans quel état, ô ciel!

Mes bottes se transformaient en pompes foulantes et aspirantes. En levant les pieds, j'y faisais précipiter des torrents fangeux par de hideuses fissures; en les appuyant, ces torrents jaillissaient comme des fontaines. Les autres amis n'avaient pas été non plus respectés par la boue, qui souillait barbe, moustaches et chevelure.

Après une soirée fort gaie, nous couchâmes dans la salle de théâtre du château, où l'on

s'endormit en ébauchant une comédie politique
dont les principaux personnages étaient les em-
pereurs de France et d'Allemagne. On s'endormit donc en riant.

La situation n'était pas rassurante à l'aube
du 29 novembre. Sombernon occupé, les éclaireurs ennemis venaient jusqu'à Moutoillot, à
deux ou trois kilomètres de Commarin. Dès
la veille, le général avait précipité la retraite
des francs-tireurs de Ricciotti sur Arnay-le-Duc
pour qu'ils se réorganisassent avec nous;
restaient les deux légions italiennes fortes encore
de 700 hommes à la suite des pertes éprou-
vées; quelques francs-tireurs épars arrivaient et
étaient aussitôt dirigés sur Arnay pour y rejoindre leurs corps respectifs. Malgré tout,
le général voulait résister, ne fût-ce que pour
arrêter l'ennemi et donner le temps de refor-
mer les corps de francs-tireurs et de mobiles
dont plusieurs, avec une agilité miraculeuse
plus qu'exemplaire, étaient déjà arrivés à
Autun. Toutefois la matinée s'écoula calme,
tant le repos et la nourriture avaient rendu
du cœur à nos hommes.

A chaque instant les paysans nous apportaient les nouvelles les plus désastreuses. Habitués à leurs hâbleries, nous n'en tenions pas compte. Ainsi les Badois, d'après certaines dires, n'étaient plus quinze mille; leur armée, tout à coup, s'était quadruplée. Impatienté, le général demanda brusquement à l'un des informateurs s'il avait compté les ennemis.

— Ma foi non! mon général!

— Eh bien, retournez et comptez-les mieux.

— Pas si bête, murmura le bon villageois qui s'esquiva pour aller raconter, à ses concitoyens épouvantés, de nouvelles sottises.

Vers deux heures le général monta en voiture et, avec Menotti et ses officiers, poussa une reconnaissance sur les hauteurs à notre droite. Sant'-Ambrogio, chef d'état-major de la 3ᵉ brigade, et moi demeurâmes au village en attendant impatiemment des ordres. Les heures s'écoulaient lentement, le général ne revenait pas, et nous craignions que sa témérité ne l'eût entraîné trop loin.

Les journées sont courtes à la fin de novembre; le ciel nuageux les abrégeait encore. Il faisait déjà noir et nous n'avions ni nouvelles ni ordres. Sant' Ambrogio me donna celui de partir au galop sur la colline pour retrouver l'état-major.

Ordonner aux gens de galoper, c'est bientôt fait, mais encore faut-il que les chevaux soient du même avis. Ma pauvre jument éreintée ne se prêta pas à cette fantaisie nouvelle. Courant à l'écurie, je sautai sur le premier cheval sellé qui se présenta. C'était une petite jument des Pyrénées qui galopait malgré la fatigue, et, comme vitesse, était à l'ancienne ce que l'électricité peut être à un service de facteur rural.

Je n'eus pas à courir beaucoup. Le général était au château de Loizerolle; chemin faisant, je rencontrai un aide de camp venu pour nous donner l'ordre de faire monter les troupes sur la colline. Le poste était excellent, mais nos hommes seraient-ils en état de combattre? Nous nous hasardâmes timidement à faire cette observation au général. Après lui avoir parlé ainsi qu'à Menotti, je redescendis à Commarin pour accélérer le mouvement des deux légions.

J'envoyai à Arnay les ambulances, qui étaient

encombrantes; les légions, avec le reste du matériel, gravirent la hauteur.

Il était temps. A peine avions-nous évacué Commarin que les coureurs ennemis arrivaient aux premières maisons.

On entendait la sourde canonnade prussienne. Fidèle à son système, l'ennemi sondait, pour ainsi dire, à coups de canon, les bois qu'il devait traverser.

La nuit était venue plus noire que jamais; les nôtres se tenaient alignés sur la lisière de la forêt. Une incroyable panique nous dominait presque tous. Toutefois le général ne voulait pas entendre parler de retraite sans combat. Il malmenait fort ceux qui ouvraient un avis contraire. Dans certains quarts d'heure il est peu endurant.

Ceux qui le connaissent, en entendant les accès d'une toux qui lui est spéciale, savent qu'il ne faut pas taquiner le lion quand il paraît sommeiller.

Nous savions qu'à la faveur des bois, nous pourrions nous retirer sans trop de dommage, après une défaite probable; mais nous craignions que le général ne hasardât un coup désespéré qui pouvait devenir fatal.

Il parut enfin se rendre à nos prières unanimes. Encore s'agissait-il de savoir si nos voitures pourraient passer à travers bois.

Le hasard voulut que le major Fontana, envoyé à la recherche de quelque guide, rencontrât une charrette à deux roues qui suivait rapidement le sentir.

— Où allez-vous? demanda-t-il au paysan.

— A Châteauneuf, Monsieur.

Châteauneuf! c'était précisément notre chemin. Fontana descend de cheval, mesure l'écartement des roues et le trouve identique à celui de nos véhicules.

— Bravo! nous passerons! et il court prévenir le général. La dernière objection ainsi balayée, on donna enfin les ordres pour la retraite.

Nous respirâmes, mais avec un reste d'oppression, car l'ennemi, un peu plus rapide et entreprenant, aurait dû occuper Châteauneuf avant nous, en marchant par Pont-de-Pany, Barberey et Labussière. Nous pouvions donc le rencontrer à un moment fort désagréable pour nous.

La charrette providentielle, rencontrée par Fontana, fut placée à la tête de la colonne; puis venait le général, suivi par la légion Ravelli après laquelle arrivaient les véhicules. La légion Tanara était à l'arrière-garde.

Rien de plus fantastique que cette scène.

La longue file d'hommes, de chevaux, de voitures s'enfonçait dans les ténèbres en dessinant les courbures de la route; on n'entendait que les cris des charretiers et le choc, des roues sur les grosses pierres, le long des âpres montées ou des rapides descentes. Les arbres de la forêt touffue rendaient l'obscurité plus opaque.

On marchait avec circonspection. Les hommes échangeaient parfois quelques paroles rapides à voix basse, comme si l'ennemi eût pu les entendre. De temps à autre, les chevaux ne pouvant lutter contre les obstacles du chemin, les voitures s'arrêtaient. Il fallait alors, à force de bras et d'épaules, faire démarrer les véhicules; puis la route s'aplanissant, la marche reprenait plus monotone et plus lugubre.

A minuit, le général, qui nous avait beaucoup devancés, était près de Châteauneuf; il nous attendait impatiemment pour attaquer en cas d'occupation.

Il expédiait des aides de camp à Menotti pour faire accélérer la marche. Les restes de notre pauvre brigade ne pouvaient abandonner les chariots sans les exposer à tomber entre les mains de l'ennemi. On avait poussé quelques chasseurs pour savoir si les Prussiens occupaient le village. Ils ne revenaient pas. Alors le général fit fouetter ses chevaux, décidé à faire lui-même l'office d'éclaireur avec sa faible escorte.

A Châteauneuf, il fut accueilli par le « qui vive? » des sentinelles. Châteauneuf était occupé, en effet, mais par une compagnie de francs-tireurs qui, ne faisant pas partie de notre armée, était l'une des dernières dont l'action fut indépendante.

On reconnut le général. Et en un clin d'œil sa voiture fut entourée par les francs-tireurs et les habitants; un immense cri s'éleva : « Vive Garibaldi! vive la République! »

— Mais si les Prussiens avaient été dans le village? demandèrent les officiers de francs-tireurs étonnés de le voir le général se hasarder ainsi presque seul.

— Eh bien, j'aurais fait comme tous les éclaireurs en pareil cas, je me serais replié.

Au bout d'une petite heure, la colonne arrivait avec Menotti. La retraite s'était effectuée sans que l'on perdit un chariot ni un cheval. Les Prussiens, en arrivant à Commarin, durent être désappointés de n'avoir pas trouvé à faire un seul prisonnier parmi nos gens en débandade.

On s'arrêta peu à Châteauneuf et l'on se remit en marche. Le général Menotti ordonna à Sant' Ambrogio et à moi de prendre, sur notre droite, la route d'Arnay, où nous trouverions Ricciotti; de ramasser tous les débris de la troupe et les diriger sur Autun où le général devait aller avec la colonne et son état-major.

— En route, Sant' Ambrogio, dis-je. A trois kilomètres après Vendenesse nous nous arrêterons pour chercher un peu d'avoine à l'usage des chevaux et peut-être un peu de fromage pour nous; mais soyons circonspects en approchant de Vendenesse.

— Pourquoi cela? demanda mon ami.

— Eh! parbleu! parce que si l'ennemi a marché depuis Commarin, cette nuit, il doit y être.

— Il faudra retourner en arrière.

— Oui, si faire se peut.

Quand le village se dessina confusément dans l'obscurité de la nuit, je dis encore :

— Nous sommes presque arrivés. Retenons les chevaux pour ne pas nous faire prendre au filet comme des étourneaux.

Nous ne modérions pas encore nos montures lorsque je m'écriai :

— Nous voilà pincés!

— Comment cela?

— N'entends-tu pas le galop d'un cheval?

— Tu es fou.

Le galop devint plus distinct. Il n'y avait plus à s'y méprendre. Un cavalier venait à notre rencontre.

Encore un coup d'éperon puis un arrêt. Je pousse un *qui vive!* qui dut s'entendre jusqu'à un kilomètre plus loin. Le galop du cheval continue. Il n'y avait plus à badiner. Ne voulant pas répéter mon exploit à la Don Quichotte contre une charrette, je ne mets plus le revolver au poing, mais je m'apprête à le saisir.

— Qui vive? criai-je de nouveau avec un accent enragé. Nous poussons nos chevaux et nous trouvons nez à nez avec un grand fantôme noir qui, au lieu de répondre, nous dit :

— Ohé! les amis! Tiens, c'est vous, capitaine Fortunio? c'est vous, Sant' Ambrogio?

— Par le Christ! était-il donc si difficile de répondre? nous allions vous recevoir à coups de revolver.

— Bah! vous ne m'auriez pas touché. Le vieux Boitel est invulnérable.

Le capitaine Boitel, des francs-tireurs d'Oran, moitié français moitié arabe, était un type magnifique. Il y avait en lui plus de sauvage que d'Européen.

— Où alliez-vous, capitaine?

— A Châteauneuf.

— Pourquoi faire?

— Chercher des nouvelles des francs-tireurs qui sont là.

— Inutile; nous en venons. Demain vous aurez

les Prussiens à Vendenesse ; il est heureux qu'ils n'y soient pas déjà. Nous avons évacué Commarin cette nuit.

— C'est bon, j'en sais assez et je retourne avec vous.

Nous entrâmes de conserve dans le village, d'où après avoir salué les amis, nous repartîmes pour Rouvres où l'on devait faire halte.

Pendant toute cette nuit j'eus beaucoup moins peur de l'ennemi que de nos avant-postes. Les sentinelles avaient la déplorable manie de tirer sur tout venant, avec une singulière désinvolture, sans daigner vous avertir par un « qui vive? ». Aussi, dans l'obscurité, entrevoyant quelque sentinelle, avais-je soin de prévenir la question.

A Rouvres, après nous être fait reconnaître par le chef du poste de la garde nationale, nous entendîmes une voiture arrivant au grand trot du côté opposé.

Au *qui vive* on répondit : « Garibaldiens. »

Quels pouvaient être ces Garibaldiens en voiture? Nous nous approchâmes et une voix brève demanda d'un ton autoritaire où était le général Menotti. Au son de cette voix et à l'accent anglais, je reconnus Mme White Mario.

— Où allez-vous, Madame? demandai-je.

— Ah! c'est vous?

— Oui, moi-même avec l'ami Sant'Ambrogio. Le général Menotti doit être avec les Italiens à Sainte-Sabine.

— Il n'est rien arrivé de fâcheux?

— Rien!

— Tant mieux! s'écria la dame. A Arnay-le-Duc on fait courir des bruits alarmants; on le disait blessé ou prisonnier et j'étais partie avec le docteur Ferrero Gola pour le rejoindre à Commarin, ou plus loin, et me procurer des nouvelles positives pour les rapporter à son frère Ricciotti, qui est très inquiet.

— Il est heureux que vous nous ayez rencontrés. Vous allez vous jeter dans la gueule du loup sans profit pour personne. Commarin est occupé par les Prussiens. Vous pouvez revenir avec nous. Le général sera probablement demain à Autun et Menotti après-demain. Donnez-nous le temps de manger un morceau et nous vous escorterons jusqu'à Arnay.

— J'accepte d'autant mieux que mon panier est bourré de provisions.

L'excellente femme, en partant pour cette expédition hasardeuse, n'avait pas oublié que les camps regorgent d'affamés.

— Il y a une belle dinde réservée à Menotti... mais puisqu'il est à Sainte-Sabine, tant pis pour lui.

Mme Mario fit ainsi les frais d'un excellent souper, après lequel on se remit en route; enfin, vers l'aube, nous arrivâmes à Arnay-le-Duc. Il avait là un fourmillement de soldats de tous les corps : mobiles, francs-tireurs et, je l'avoue avec peine, beaucoup d'Italiens qui avaient, abandonnant leurs drapeaux, pris le chemin de la retraite. Rassembler tous ces amateurs et les envoyer à Autun, les pourvoir de vivres, les remettre sous les ordres d'officiers qui avaient facilement suivi l'exemple du soldat, ou qui, chose triste à dire, leur avaient eux-mêmes donné l'exemple de la fuite, tout cela n'était pas une mince besogne pour Ricciotti.

Le matin même de notre arrivée, 30 novembre, nous trouvâmes les deux batteries d'artillerie. Celle que nous croyons perdue était de retour. On les expédia à Autun sous l'escorte de deux bataillons ramassés à la hâte.

Tous les objets d'habillement du magasin, couvertures, tuniques, plus les fusils et munitions, furent placés sur les chariots et envoyés à Autun; mais, grâce au nombre considérable de blessés, les véhicules faisaient défaut.

C'était chose triste à voir que ce long cortège de charrettes, chariots et carrioles où l'on avait entassé à la hâte les malades et blessés, que l'on ne voulait pas abandonner à la merci de l'ennemi.

Ricciotti, avec ses francs-tireurs, devait rester à Arnay pour surveiller ce départ désordonné et confus d'hommes vifs ou mourants, cet encombrement d'animaux et de matériel.

Tout à coup il y eut une alarme.

— De quoi s'agit-il?

C'était l'ennemi arrivé à 1 kilomètre du bourg en poursuivant les francs-tireurs d'Oran qui venaient de Vendenesse avec les Prussiens aux talons.

La bonhomie de l'excellent Werder nous rendit encore un grand service.

Arrivé devant Arnay, au lieu d'attaquer vivement, il fit arrêter et déployer ses forces comme
s'il se fût agi d'une revue au champ de Mars;
il braqua une batterie contre les maisons et commença la canonnade. C'était sa manière de
s'annoncer. On voit que les munitions ne manquaient pas aux Prussiens.

— Merci de l'information, dit Ricciotti, qui,
vu la lenteur des mouvements de l'ennemi, sans
trop se presser, se mit en retraite sur Autun,
après s'être fait précéder par les derniers chariots. Il ne laissa à l'ennemi que quelques couvertures et quelques paires de souliers.

Quand il eut canonné à son aise, Werder ris-
qua quelques uhlans en ville. La trouvant
évacuée, le général put y entrer tranquillement,
espérant qu'avec son système, il arriverait ainsi
jusqu'à Lyon.

Mais quand on compte sans son hôte les
comptes sont à refaire.

Pour nous, arrivés à Autun avec Sant' Ambrogio, nous y trouvions les aises de la vie ci-
vilisée.

On attendait Menotti dans la journée; il

n'était pas arrivé, ce qui nous inquiétait beaucoup pour lui et sa colonne. Si les Prussiens, à
Arnay depuis la veille, étaient en marche sur
Autun, il devait nécessairement suivre une
marche parallèle à la leur. Avec leur habile
stratégie si funeste à la France, on ne pouvait
supposer qu'ils eussent pris une seule route en
laissant les autres libres. Cependant il en fut
ainsi cette fois par hasard. Grâce à la rapidité
de ses mouvements, Menotti leur passa pour
ainsi dire sous le nez sans qu'ils le sentissent.
Il arriva avec son monde à Autun, les hommes
fatigués mais sains et saufs; pas un cheval, pas
une charrette en arrière.

Nous étions donc au grand complet, sauf,
bien entendu, certains mobiles qui, dans l'ardeur de la fuite, s'étaient réfugiés jusqu'au
Creusot et au delà. Le général avait placé ses
avant-postes jusqu'au-devant de Saint-Martin,
sur la route d'Arnay; les autres routes étaient
gardées par les francs-tireurs. A Saint-Martin il
y avait le colonel Ch... avec les hommes de la
brigade Delpêche. Parfaitement gardés de tous
les côtés, officiers et soldats pouvaient donc,

sans souci, se donner du bon temps dans les restaurants et les cafés.

Mais notre vieux et infatigable général, dès le matin, était sorti en voiture pour visiter les avant-postes. Sa reconnaissance devait se terminer par Saint-Martin, situé à 1 kilomètre et demi de la ville. Quelle ne fut pas sa surprise en n'y trouvant pas un seul soldat!

Le colonel, par erreur, avait dû occuper un autre poste. Les aides de camp eurent beau chercher partout. Le colonel et ses hommes étaient introuvables.

Garibaldi, descendu de voiture, y remonta de suite pour courir à Autun et faire occuper par un autre corps l'importante position de Saint-Martin.

Il était déjà trop tard. Pendant que la voiture rebroussait chemin, Garibaldi crut voir dans cette direction une masse d'hommes. Avec sa longue-vue il reconnut des soldats prussiens. Pas d'erreur possible puisque les derniers d'entre nous, sous la conduite de Menotti, venaient de rentrer depuis deux heures.

Pas une minute à perdre; il faut fouetter

les chevaux et donner l'alarme à Autun. Réoc-
cuper Saint-Martin est impossible. Les Prussiens
y seront avant que la voiture n'arrive en ville.

Canessa, les autres amis arrivés le matin avec
Menotti, moi et quelques autres nous fêtions
leur retour à l'hôtel de la Poste lorsque le galop
furieux d'un cheval nous dérangea. Nous regar-
dâmes à la fenêtre qui donne sur la grande
rue. C'était Galeazzi que nous crûmes fou, puisqu'il s'amusait à faire une charge à fond sur
le pavé de la ville. Nous nous remettions à table
pour prendre notre café quand... surprise indicible!... *Boum! Pac!*

Le *boum* c'était la détonation lointaine d'une
d'une pièce d'artillerie, le *pac* l'éclat d'un obus
tombé sur la promenade publique d'Autun,
assez près de nous.

Galeazzi, envoyé par le général, allait commander que les deux batteries qui étaient au
petit séminaire eussent à faire feu aussitôt que
l'ennemi serait à portée. Nous étions à mille
lieues d'une supposition pareille.

Après cette première détonation la canonnade s'établit régulière et soutenue dans la

ville. Chacun leva la tête comme pour voir si, dans le ciel serein, un coup de tonnerre inattendu venait de retentir. Quand on reconnut que c'était une carte de visite de Werder, chacun courut en hâte vers son cantonnement. Aux premiers instants, Autun était comparable à l'un des cercles infernaux de Dante dans lequel les damnés se seraient mis en insurrection.

Hommes, chevaux, voitures courant pêle-mêle en sens inverse, se bousculaient dans les rues. Une indicible confusion! Les clairons sonnent, les tambours battent, les officiers cherchent leurs soldats, les habitants ferment boutiques et fenêtres, et, tout effarés, courent dans la rue pour avoir de nouvelles.

— Les Prussiens, les chiens de Prussiens! telle est l'exclamation générale.

Et le canon ennemi gronde toujours. Enfin, on entend une détonation plus voisine. C'est le feu de nos pièces qui provoque des clameurs joyeuses.

Ces hommes éparpillés formèrent des pelotons, les pelotons des bataillons qui descendirent au pas de charge en masses compactes, vers les points menacés.

Le général n'avait trouvé que peu d'artilleurs aux batteries; les officiers d'état-major durent descendre de cheval avec les guides et les chasseurs, pour mettre les pièces en position. Le canon de l'ennemi ayant donné l'alarme à temps, au bout d'une demi-heure chacun fut à son poste et notre artillerie put riposter avec avantage.

Si le général allemand avait su profiter de l'abandon de Saint-Martin en attaquant vivement la ville sans nous laisser courir aux armes, il serait certainement entré de suite dans Autun. Y serait-il resté? je l'ignore, mais il y serait entré! Maintenant il était trop tard. En un clin d'œil nous fûmes à cheval. Menotti y était avant nous.

Notre brigade, les francs-tireurs de Ricciotti, la compagnie génoise furent poussés dans le faubourg Saint-Jean où, à l'abri des maisons et de nombreux petits murs, ils ouvrirent un feu très vif sur l'ennemi obligé de se retirer dans Saint-Martin.

Les mobiles, qui hésitaient d'abord un peu, s'enhardirent au premier succès; ils tinrent parfaitement leurs positions toute la journée. Tout au plus ils saluaient en baissant la tête, ce qui est le fait de tous les conscrits, les obus qui allaient éclater dans les jardins contre les murs et sur les toits des pauvres habitants, qui durent se croire au jugement dernier.

Notre artillerie se réhabilita complètement en opérant des miracles.

Les artilleurs, très exposés, étaient fauchés par la mitraille ennemie. Garibaldi, debout près des pièces, encourageant les tireurs, applaudissant aux meilleurs coups, ranimait le courage de tous.

Plusieurs fois l'ennemi tenta l'attaque à la baïonnette; mais à peine les colonnes sortaient-elles de Saint-Martin, qu'une fusillade furieuse les y rejetait.

Je me rappelle un épisode.

Posté par mon général sur la route du faubourg Saint-Jean, derrière un bataillon de mobiles, je voyais depuis un quart d'heure deux jeunes filles descendre lentement et péniblement de la ville avec une malle si lourde qu'à chaque instant elles la posaient à terre pour reprendre haleine. Les projectiles tombaient serrés, mais toujours au delà des petits murs qui bordent la route, si bien qu'elles s'enhardirent et ne se soucièrent plus de ces *bonbons*, me dirent-elles, que leur envoyait l'ennemi.

Condamné à une ennuyeuse immobilité par mon devoir qui était de surveiller le bataillon dispersé derrière le mur, sans prendre moi-même une part active au feu, je m'approchai de ces jeunes filles en leur demandant si elles n'avaient pas peur.

— Non, nous sommes trop jeunes pour mourir sitôt.

Et elles reprirent en riant leur fardeau, une caisse de linge qu'elles allaient enterrer dans un jardin du faubourg pour le soustraire à la rapacité de l'envahisseur. A ce moment, au beau milieu de la route, à quelques pas de nous, tomba un obus qui éclata en nous couvrant de terre. Ma bête sauta et faillit me désarçonner ; les deux fillettes, abandonnant leur caisse, restaient immobiles.

Revenues de leur stupéfaction, elles passèrent les mains sur leurs visages pour enlever la terre qui les souillait, puis, honteuses de leur peur, elles poussèrent un éclat de rire enfantin, un éclat de rire que Napoléon Ier aurait payé d'un bâton de maréchal.

— Vous voyez, mes petites, que les bonbons de l'ennemi ne sont pas trop sucrés.

J'appelai deux Basques du bataillons des Basses-Pyrénées et leur ordonnai de charger la caisse sur leurs épaules et de la porter à la maison vers laquelle se dirigeaient les jeunes filles, qui me remercièrent avec un accent plein de douceur.

Le temps s'écoule avec une grande rapidité les jours de bataille. On est absorbé par les émotions du combat et les heures passent ; l'intérêt de la lutte, les devoirs du service vous les font oublier ; la nuit arrive lorsqu'on se croyait encore à midi.

Personne ne comptait sur un succès, et cependant chacun avait fait son devoir. Je ne parle pas de ceux qui avaient fui jusqu'au Creusot.

La canonnade se maintenait furieuse depuis trois heures quand elle commença graduellement à se ralentir du côté de l'ennemi. Quelques colonnes essayèrent encore avec une certaine mollesse de prendre le faubourg Saint-Jean; mais, comme les premières, reçues par un feu terrible, elles se retirèrent en désordre. Il n'y avait plus à en douter, la journée était à nous; nous étions, à notre grand étonnement, maîtres dans Autun. Le feu de l'ennemi s'était tu et nos batteries, à rares intervalles, tiraient comme pour lui souhaiter le bonsoir.

Quoique chacun s'attendît à une attaque plus violente le lendemain, l'enthousiasme de nos soldats fut indescriptible. L'espérance renaissait dans tous les cœurs, et chacun s'apprêtait à faire mieux.

Peut-être le général ennemi fut-il prudent en ordonnant une retraite nocturne exécutée à la sourdine.

Les soldats s'étaient couchés sur un peu de paille pour reposer. Quant aux malheureux placés aux avant-postes derrière les petits murs des faubourgs, ils veillaient ou travaillaient aux tranchées et barricades pour obstruer les routes qui conduisent dans la ville.

Dans le ciel clair brillaient des milliers d'étoiles, mais le froid était intense, la bise nocturne si glaciale qu'il semblait impossible de passer une nuit dehors. Pas un seul feu allumé sur la longue ligne de nos avant-postes. Les hommes pouvaient, à tour de rôle, chercher un peu de chaleur vitale dans les maisons des faubourgs. Le thermomètre descendit jusqu'à 18 degrés au-dessous de zéro ! J'ai vu des malheureux auxquels l'intensité du froid arrachait des larmes. Songez que les deux tiers de nos hommes étaient du midi de l'Italie et que leurs vêtements en guenilles étaient ceux que l'on avait distribués au début de la guerre, pendant l'été.

Il était neuf heures. Le qui-vive des sentinelles troublait seul le calme silencieux de la nuit. Dans l'atmosphère aussi transparente qu'un cristal, les sons couraient rapides et distincts comme sur les cordes d'un clavecin. Au moment où l'on s'y attendait le moins, un éclair illumina l'horizon, puis une détonation profonde, répercutée par mille échos, parut être le grondement du tonnerre. Cette explosion, suivie de plusieurs autres, était le salut d'adieu de l'ennemi. Les habitants ont seuls pris au sérieux cette rodomontade. Quelques bataillons demandèrent spon-

tanément d'être conduits à l'attaque de Saint-
Martin. On refusa et l'on eut raison. L'insuccès
de Dijon nous servait de leçon. Nos jeunes
troupes n'étaient pas assez aguerries, et une panique nocturne aurait effacé le triomphe de cette
belle journée. D'ailleurs, nous n'avions pas
grand'chose à gagner dans une attaque.

Nous ne ripostâmes pas et laissâmes les Prussiens dépenser leurs munitions contre les toits
de la ville, ce qui dura peu. Autun reprit sa physionomie accoutumée; seulement, de temps à
autre, une sentinelle déchargeait son arme sur
quelque fantôme de son imagination ou, qui pis
est, sur les pauvres officiers qui, comme moi,
étaient de ronde.

Un officier des Alpes-Maritimes eut la cuisse
traversée par la balle d'un de ses propres soldats.

Pareils accidents sont fréquents avec des troupes inexpérimentées.

Le lendemain, nos reconnaissances furent
poussées jusque près d'Arnay-le-Duc. Plus de
traces de l'ennemi.

Le général Cremer, dont nous espérions l'appui

lors de l'affaire de Pâques et Prenois, partit de Nuits par Villars, Fontaine, Chevanne, Labussière, et arriva à Châteauneuf pour canonner, du haut de la colline, l'arrière-garde prussienne.

Ainsi donc, à leur tour, les vainqueurs se retiraient précipitamment sur Dijon et apprenaient à leurs dépens que cette poignée de guenilleux qui composait l'armée des Vosges, savait se battre et mourir.

Le calme rentra dans Autun, mais non l'inaction. On s'y préparait à de nouvelles luttes. Il était important pour nous de maintenir cette position qui barrait le passage à l'ennemi dans sa marche vers Lyon et protégeait l'immense fabrique du Creusot, où l'on fondait canons et mitrailleuses. On exerçait les troupes, on les habillait, on les armait; de nouvelles compagnies vinrent grossir notre armée. Peu à peu, à nos vieilles patraques se substituèrent de vrais fusils chassepots et des carabines fédérales; les courroies de cuir remplacèrent les cordes dans le harnachement des chevaux; enfin nos soldats purent abriter leurs haillons sous de bonnes et chaudes capotes.

Les fuyards revenaient aussi du Creusot lentement et se confondaient, inaperçus, avec les autres, essayant de faire oublier leur manque de confiance au général.

CHAPITRE IX.

L'ennemi était loin; nous étions défendus de tous les côtés et nos anciennes positions devenaient des points d'appui solides occupés par les francs-tireurs. Ceux-ci guerroyaient contre les uhlans venus pour explorer le pays et inquiéter les avant-postes.

Les légions italiennes furent envoyées à Épinac, célèbre par ses mines de charbon.

Les mobiles de notre brigade, échelonnés sur les limites des départements de Saône-et-Loire et de la Côte-d'Or, occupèrent tous les petits villages voisins. A Ivry, les francs-tireurs d'Oran, à Sombernon, les Éclaireurs du Rhône, qui, grossis par divers contingents, formèrent le corps des *Francs-tireurs réunis;* à Bligny-sur-Ouche, les *Francs-Comtois.* A Pouilly, les mobiles des Alpes-Maritimes. Toutes ces troupes, malgré le froid intense, manœuvrèrent sans cesse, poussant des

reconnaissances ou se massant sur les points menacés pour faire, à leur tour, des démonstrations
offensives.

A Beaune et à Nuits, le général Cremer gardait notre droite.

Les brigades Delpèche, Bossack et Ricciotti
étaient restées à Autun ou cantonnées dans les
villages voisins.

Le quartier général de notre brigade siégeait
à Épinac, de noire et fumeuse mémoire, à cause
des puits de mine et des cheminées de sa verrerie.

C'est alors que les délices de Capoue se présentèrent sous forme de pâtisseries, cafés et hôtels.
Malgré les défenses et les règlements, on parvint
à cueillir le fruit défendu.

Je venais de toucher ma solde et je devais, le
lendemain, partir avec Canessa et Sant' Ambrogio
pour Épinac. L'un de nos amis nous entraîna
dans l'arrière-boutique d'une certaine pâtisserie
où la nuit s'écoula rapidement au milieu des
émotions du jeu.

Au petit jour, nous fîmes nos comptes

— Je n'ai plus que cinq francs, dit l'un.

— Et moi, un billet prussien de 4 florins, venant de l'ennemi.

— Et moi, hélas! rien du tout.

Sur ce, nos camarades de rire à nos dépens. Nous devions partir à l'instant avec la bourse plate.

C'était la brigade Ricciotti qui avait si bien plumé notre pauvre troisième brigade.

Il fallut emprunter trois cents francs.

Le souvenir de cette matinée me fait encore frémir.

La nature était réduite à l'état de sorbet. Elle semblait cristallisée; sur l'horizon lointain, le soleil se levait rouge comme la face d'un ivrogne et ses rayons faisaient briller la campagne, les arbres dénudés et couverts d'un givre étincelant. Je n'ai jamais rien vu de pareil chez nous, même dans les hivers les plus rudes. Les chevaux glissaient sur le sol glacé; nous risquions à chaque instant de nous casser le cou.

Canessa jurait et, avec une désolation comique, demandait des explications sur le baccarat qui l'avait si bien mis à sec, avant qu'il eût pu en comprendre les règles.

Il fallait, de temps à autre, descendre pour réchauffer nos pieds douloureusement engourdis.

Nous pensions que les Prussiens ne devaient pas avoir plus chaud que nous. Pauvre consolation qui ne faisait pas monter le thermomètre d'un demi-degré! Nos barbes, nos chevelures, les crinières des chevaux semblaient couvertes d'une poudre argentée. Au lieu de trois jeunes volontaires, on nous eût pris pour trois grognards blanchis au passage de la Bérézina.

Enfin nous arrivâmes à un petit village sur la première maison de laquelle se lisait l'inscription si connue : « On loge à pied et à cheval. »

Après avoir installé les bêtes, nous nous serrâmes sous le manteau de la cheminée, comme des poussins sous l'aile maternelle. Les pieds dans la flamme, nous sentions à peine notre sang se réchauffer.

Un suprême bien-être nous arriva avec le grand verre plein d'eau-de-vie que nous bûmes comme de l'eau.

Nous devions arriver à Couches, où étaient cantonnés des mobiles des Basses-Alpes. Nous y étions, en effet, avant la fin du jour.

Après avoir expédié les affaires de service, trouvé le fourrage nécessaire, nous allions nous occuper de nous-mêmes, lorsque se présenta un monsieur, le seul du pays qui ne fût pas vêtu de la blouse bleue qui, en Bourgogne, est le costume général; il portait des bottines au lieu des rustiques sabots.

Cet homme, d'ailleurs beau et bien fait, avait une certaine élégance raide, une extrême froideur de manière et de langage; une pâleur excessive et une précoce calvitie le faisaient ressembler à un personnage fantastique d'Hoffmann.

Il venait nous offrir l'hospitalité dans son château, à deux kilomètres de là. Nous ne pouvions refuser, mais l'amabilité contrainte et compassée de ce monsieur nous présageait une soirée ennuyeuse; nous eussions préféré la passer avec les officiers de mobiles à Couches.

Nous remontâmes donc à cheval pour arriver au château.

C'était un manoir sévère qui se dressait dans le cœur de la forêt. La tristesse de la saison et la lumière douteuse du crépuscule donnaient un air lugubre aux tourelles et aux toits pointus.

Notre hôte nous avait précédés; il vint nous recevoir avec son père, un beau vieillard d'aspect solennel, taciturne et mélancolique comme lui.

On aurait pu se croire dans un des châteaux que Walter Scott décrit si admirablement. Rien n'y manquait, ni les gémissements du vent à travers les volets séculaires, ni ceux des lugubres oiseaux de nuit. Nous nous attendions à voir surgir quelque sorcière ou un *Mac*, chef de clan avec les jambes nues, le plaid bariolé, le béret à plumes d'aigle, venu pour chanter quelque ballade celtique avec accompagnement de pibroch.

Instinctivement nous parlions bas en nous serrant autour de la cheminée.

— Ne trouves-tu pas qu'il manque quelque chose ici? demandai-je à Canessa.

— Peut-être un peu de cordialité.

— Non, c'est la légende qui manque. Il nous faut une châtelaine pâle qui, sur ses beaux traits flétris, porte inscrite une histoire sanglante, tradition funèbre des ancêtres... une châtelaine chevauchant au clair de la lune...

Un domestique, taciturne et guindé comme ses maîtres, vint nous annoncer que le dîner était prêt.

Nous le suivîmes dans la salle, en traversant plusieurs pièces bien meublées, mais tristes comme tout le reste. Le fils du châtelain faisait les honneurs du repas, sans y prendre part lui-même. Le père s'était retiré de bonne heure. Le dîner, bien qu'improvisé, était délicieux.

Nous allions nous asseoir, lorsque l'on vint annoncer au major Sant' Ambrogio l'arrivée d'un officier supérieur. C'était Pastoris, de la légion Ravelli, chargé de dépêches pour nous. On l'invita aussi à dîner.

La conversation roula sur les malheurs de la France et fut languissante. La froideur de notre hôte semblait glacer la vaste salle. Il était facile de voir que nous étions chez un bonapartiste enragé, qui devait nous détester, nous républicains et garibaldiens. C'était pour ne pas manquer aux traditions hospitalières de la Bourgogne qu'il nous accueillait.

La tristesse de cette maison, le profond cha-

grin de ses habitants nous inspirèrent une certaine compassion. Nous savions cependant être
plutôt chez un ennemi que chez un allié. Aussi
nous efforçâmes-nous de faire cesser les tirades
de Pastoris qui, en qualité de Niçois, détestait
cordialement tout ce qui, de loin ou de près,
touchait aux Napoléon.

Ce n'était pas commode, car le vin lui dé-
liant la langue, la marée des imprécations
contre le lâche de Sedan menaçait de monter.

Je m'empressais de remplir le verre et l'as-
siette de Pastoris.

— Quand tu manges tu ne parles pas, lui dis-
je en italien, et le silence vaut mieux que les
plus beaux discours... Tiens, apaise ton indignation en dévorant cette cuisse de poulet.

Enfin la glace se rompit un peu, et une certaine cordialité hautaine succéda à la froide
politesse de notre hôte.

On a tant dit de mal de nous qu'il nous étu-
diait avec curiosité.

Je suis sûr qu'il était émerveillé de voir que
nous savions parler un peu de tout, que nous
ne mettions pas les mains dans le plat, que nous

n'attachions pas nos serviettes autour du cou.
Il était surpris de trouver en nous des gens
sachant manger discrètement et sans bruit, ne
crachant pas sur les tapis, parlant sans jurer
et enfin n'empochant pas les couverts d'argent.
La soirée se termina avec le café et un verre
d'excellente fine-champagne que Pastoris sut
apprécier malgré son parfum bonapartiste.

À Épinac, le quartier général fut installé à
la célèbre verrerie de M. Handel, séjour enchan-
teur si la fumée n'avait caché le ciel et si l'o-
deur nauséabonde n'avait pas pénétré jusque
dans les élégants salons du riche industriel.
Amateur passionné d'ornithologie, il a peuplé
parc et jardins d'une quantité d'oiseaux, colibris,
faisans, coqs, perroquets, canards, paons, tour-
terelles et perdrix de toutes les variétés qui, pendant l'hiver, transformaient les serres tempérées
en jardins de fleurs vivantes et babillardes.

Mais je ne voyais guère Épinac que le soir,
tant mes journées étaient activement employées
en reconnaissances ou à porter des dépêches
et des ordres aux différents corps cantonnés
dans le pays. On nous avait donné, pour nous

escorter, quelques chasseurs à cheval, débris
du corps de Prenois.

Le général, à Autun, continuait la réorgani-
sation avec activité. Il désirait reprendre l'offensive, mais l'immobilité lui était commandée
par les circonstances et à cause du froid excessif.
Il lui tardait cependant de racheter par un brillant succès, la triste nuit de Dijon.

Après une cinquantaine de pages consacrées
au récit de petites escarmouches, marches et
contre-marches, combats d'avant-postes et de
quelques aventures personnelles, l'auteur arrive
à la partie la plus intéressante de ses mémoires;
c'est là que nous reprendrons la traduction fidèle
quoique abrégée (1).

Chargé d'aller voir si Saulieu est occupé par
l'ennemi, il rencontre des fuyards qui occasion-
nent une fausse alerte.

. . . .

(1) Cependant nous traduirons quelques passages qui donnent
assez bien l'idée de la façon gaie avec laquelle l'auteur sait
raconter les anecdotes.

On traverse une forêt touffue sans voir un seul paysan; puis, du haut de la colline, nous apercevons la ville de Saulieu. Sera-t-elle occupée?

— En avant, mes amis! dis-je à nos deux chasseurs d'escorte, nous sommes bien montés; et, même poursuivis, nous pourrons échapper. En avant!

Enfin nous obtenons des informations précises.

— Dites donc, est-ce que les Prussiens sont à Saulieu?

— Non, non, répond un paysan. Il y a les nôtres qui se sont battus aujourd'hui à Pont-Sainte-Isabelle et ont rossé les Prussiens. Vive la France!

Nous respirâmes. Au trot dans la ville! une jolie ville propre et bien pavée; des rues spacieuses, flanquées de constructions élégantes avec quelques vieux édifices noirs, souvenirs du moyen âge.

Nous demandons le chemin de la mairie et nous arrivons à une petite place où se tenait un bel escadron de guides. De loin, je reconnais la voix du colonel Bossi qui m'appelle à son secours. Depuis une demi-heure, il bataillait avec le maire, sans se faire comprendre.

Pauvre Bossi! Je veux transcrire textuellement avec une orthographe *ad hoc* une de ses phrases que j'entends encore résonner dans mes oreilles :

« *Vou védé, mousoù el sindic, moa commandè touta la chivalri é moa per conn'eguenze commandé anqué vous. E moa quando commandè voglio essere ubbidito, sacré nom dè Dio!* »

Et se tournant vers moi : « Est-ce bien dit, Fortunio? »

Je me fis expliquer le motif de la discussion. C'était un malentendu. Il croyait qu'on lui refusait du fourrage pour les chevaux tandis qu'on le priait de patienter une demi-heure, temps nécessaire pour se le procurer.

« *Ah! c'est bone, c'est bone, vou été oun bravo sindic. Pardon, pardon n'é?* » et il lui tapa le ventre avec une telle bonhomie que le maire éclata de rire de grand cœur.

« *Nous sommes i vieux di Crimea... eh! eh! eh!* »

Nous avions été à Beaune pour combiner un mouvement avec Cremer. En arrivant, nous trouvâmes que ce général avait évacué Beaune.

C'était vraiment bien la peine de faire patauger nos pauvres francs-tireurs dans la neige pour nous renvoyer avec avec notre courte honte!

— Nous sommes libres de faire ce que nous voulons? demandai-je au commandant.

— Parfaitement.

— De façon que?...

— De façon que ceux qui ont sommeil peuvent dormir; ceux qui ont faim peuvent manger. Demain matin, nous partirons pour Bligny, si toutefois le général ne transmet pas d'ordres contraires. Cremer n'a plus besoin de nous.

Le lendemain, en m'éveillant, j'examinai la pièce que j'occupais et que la veille, grâce à la fatigue et au sommeil, j'avais à peine regardée.

— Mais, par Bacchus! je suis dans la chambre de la maîtresse de maison! Un petit berceau orné de dentelles et garni de soie bleue était placé au pied du lit, qu'abritaient de riches rideaux de soie, avec des nœuds de rubans sur les meubles en palissandre. Dans un désordre pittoresque étaient épars ces mille riens coûteux qui encombrent une chambre de femme, et dans celle-ci les senteurs fraîches s'exhalaient

encore des flacons à demi vidés. La dame de
ces lieux avait dû, depuis peu de temps, quitter
son joli gynécée.

« Existence bizarre, pensai-je; une nuit à
l'écurie, une autre sur le plancher d'une auberge, puis dans le lit parfumé d'une belle
dame... Mais qui me dit qu'elle soit belle?

« Ces tentures bleues me la dénoncent comme
blonde; d'après ce berceau, je sais qu'elle est
mère depuis peu... elle doit être jeune; pourquoi ne serait-elle pas belle?

« La guerre l'aura fait fuir vers des pays plus
calmes, et le maire irrévérencieux dispose de cet
appartement vide pour loger les militaires. »

Telles étaient mes réflexions lorsque l'on frap-
pa à la porte.

— Entrez.

C'était une femme de chambre, venant allumer du feu dans la cheminée et me proposer
du café. Je ne refusai pas; d'ailleurs je voulais,
quand elle reviendrait, la faire causer sur sa
maîtresse.

Elle revint bientôt, en effet, avec un plateau
sur lequel fumait une tasse pleine du poison lent.

— Merci, Mademoiselle, dis-je.

— Je ne suis pas demoiselle.

— Pardon, c'est que vous êtes si jeune...

— J'ai juste l'âge de ma maîtresse. A la prochaine Épiphanie, j'atteindrai mes vingt-deux ans.

— Ah! votre maîtresse est bien jeune aussi. Où est-elle?

— A Bordeaux où elle a fui après la bataille d'Autun. Mais vous, Monsieur, vous n'êtes pas Français?

— Non, je suis Italien.

— Italien, de Rome peut-être?

— Non pas.

— Alors vous n'avez peut-être pas vu le pape?... pauvre pape! Mais pourquoi Garibaldi lui fait-il la guerre? On dit cependant que Garibaldi est bon.

— Je me trouvais sous ses ordres à Mentana.

A peine eus-je dit ces mots que la pauvrette pâlit. Si ses mains n'eussent pas tenu le plateau, elle aurait certainement fait le signe de la croix pour conjurer mon influence diabolique.

Je lui demandai en souriant comment, pour avoir porté les armes contre le pape, j'étais devenu si redoutable.

— Mais vous êtes excommunié... et si jamais, ce qu'à Dieu ne plaise, vous périssiez dans une bataille... pauvre jeune homme !! Et que dirait ma maîtresse en sachant qu'un excommunié a couché dans son lit?

— Eh bien, elle fera bénir la maison par son curé et j'espère que cela raccommodera les choses.

Ce conseil parut la tranquilliser un peu. Quand elle sortit, elle paraissait moins épouvantée.

— Bon! me voici maintenant chez des légitimistes; l'autre jour, c'était en plein bonapartisme. Je n'ai plus qu'à partir bien vite pour ne pas trop vexer les saints pendus aux murailles.

En effet, je me hâtai de me préparer, d'autant plus qu'il me fallait aller chercher des informations aux avant-postes.

Je descendais l'escalier quand la femme de chambre, sortant des appartements du rez-de-chaussée, m'arrêta pour me demander quand je voulais déjeuner.

— Je déjeunerai en ville avec les officiers mes collègues.

— Vous reviendrez?

— Je ne le crois pas, car nous partirons dans la journée.

— Ah! vous partez tout à fait?

Et rougissant, hésitant comme si elle eût craint un refus, elle me présenta un objet que je pris d'abord pour une pièce de monnaie.

— Prenez-la et portez-la au cou; cela vous portera bonheur.

C'était une médaille de l'Immaculée Conception avec l'effigie de Pie IX au revers.

Je l'acceptai en promettant de la porter jusque dans la tombe et je lui laissai entrevoir l'espoir d'une prochaine conversion.

. . . .

Un soir, à Arnay, je dis devant le général que la vie de garnison devenait insipide.

— Ah! ah! fit-il en souriant, puisque vous vous ennuyez, je vous occuperai demain.

— De quoi s'agit-il, général?

— Vous prendrez le bataillon Ciotti, de la

légion Tanara, et vous irez à Maupas, sur la route de Saulieu; vous saurez si cette ville est occupée.

— Dois-je partir de suite?

— Demain, au petit jour; cette nuit, ennuyez-vous encore à votre aise. Bonsoir.

Cette distraction qu'on m'imposait n'était pas gaie; quinze kilomètres jusqu'à Maupas, quinze autres jusqu'à Saulieu, aller et retour : soixante pour le lendemain, avec un froid dont le souvenir me fait frissonner.

— Voilà ce que c'est que de faire du zèle, me dirent les amis.

— Je n'aurais pas évité la corvée, même en ne réclamant rien. Adieu, les enfants; je vais dormir quatre petites heures et puis, en route!

En montant l'escalier de bois de l'auberge, j'entendis un bruissement léger dont je ne pouvais m'expliquer la nature. Il n'était certainement pas produit par des lourds sabots de paysans ni nos grosses bottes éperonnées... Tout à coup un filet d'air « *fffffu* » éteint ma chandelle. « Qu'importe? j'ai du feu et je la rallumerai dans ma chambre... » et j'avance.

Le bruissement continue, plus rapproché... Ce n'est pas une souris; je ne crois pas aux revenants... C'est peut-être un chien de chasse ou le chien de garde de l'auberge... mais tous les chiens ont une forme canine et l'ombre noire qui me précède semble avoir une forme... féminine. J'entends murmurer :

— C'est vous?

— Oui, c'est moi; qui voulez-vous que ce soit?

— C'est que... c'est que...

— Que... que... quoi?

— Il fait tellement noir... C'est bien vous, mon charmant?

— Comment m'appelle-t-elle *son charmant* avant de m'avoir vu?

« Ah! les filles d'Ève! » pensai-je en secouant la tête.

Et j'allongeai la main comme don Juan dut le faire pour le moine noir, c'est-à-dire de façon à ne pas blesser le spectre, et à le toucher d'une façon plutôt caressante si le spectre appartenait au sexe faible.

Un cri aigu jaillit de la poitrine du spectre

et fait apparaître mon ordonnance avec une lumière.

C'était tout bonnement une équivoque.

La femme de chambre de l'auberge cherchait le capitaine payeur des Francs-tireurs réunis, pour lui dire que n'ayant pas de lit disponible, elle avait préparé un matelas dans la salle à manger. Ce capitaine s'appelait M. Moncharmant.

Comment diable peut-on s'appeler Moncharmant quand on a, dans l'obscurité, des questions de matelas à débattre avec une jolie soubrette !

. . . .

Dans mon expédition sur Saulieu, je dus m'arrêter à Maupas, où j'eus beaucoup de peine à obtenir du pain pour le bataillon. En revanche, le maire m'invita à déjeuner.

Connu ! connu ! c'était une de ces invitations à la façon de Monza, comme nous disons, arrivant toujours trop tôt ou trop tard (1). Il voulait m'amadouer et se dispenser de fournir

(1) Nous dirions offre de Gascon ou de Normand.

le pain. Il faut remarquer, qu'en temps de guerre, plus les gens sont de mauvaise volonté et plus le soldat devient exigeant. Il nous fallait du pain, et le pain se trouva coûte que coûte.

Un personnage très long, très mince, sorte de transition entre l'homme et le poteau télégraphique, vint me voir et fit une quantité de simagrées auxquelles, à ma grande confusion, je ne compris rien. Scandalisé de rencontrer un garibaldien qui n'était pas franc-maçon, il finit par me dire en langage intelligible qu'ennemi acharné de l'Empire, il avait voté *non* au plébiscite; que, mis à pied pour ce fait, il m'invitait à prendre le café pour faire enrager le maire qui l'avait remplacé dans ses fonctions.

J'acceptai avec plaisir. Les allures bizarres de cette perche humaine et l'extrême bonté qui se lisait dans sa physionomie, m'avaient séduit aussitôt. Je pensai, d'ailleurs, que si je pouvais vexer le maire qui m'avait tant ennuyé à propos du pain, tout serait pour le mieux.

La fille du télégraphe aux signes maçonniques s'appelait Mlle Marie.

Que n'ai-je la lyre du poète pour la chanter
dignement!

Elle portait le modeste costume des paysan-
nes bourguignonnes, mais dans les grossiers
sabots on devinait des pieds de fée; les petites
mains blanches étaient celles d'une grande
dame et son bonnet blanc encadrait un visage
de Madone, de Madone affligée, car elle avait
un frère dans l'armée de Bourbaki; son fiancé,
mobile de la Côte-d'Or, était à Paris.

On eût dit une princesse déguisée, ou mieux,
une bergère de Watteau ayant oublié de se
poudrer.

— Te voilà, ma fille! Embrasse ce capitaine;
c'est [un de nos frères, venu de loin, qui va
mourir peut-être pour nous. Allons, vite, Marie!

Je sentis mon visage s'empourprer. Un baiser
tombant ainsi comme une tuile vous fait affluer
le sang au cœur avec une émotion indescriptible, à la fois douce et douloureuse.

La jeune personne rougit aussi un peu, mais
elle semblait trouver la chose toute naturelle!
S'approchant de moi, elle posa ses deux mains
blanches sur mes épaules; elle se dressa sur la

pointe des pieds, car je me tenais raide comme un mamelouk, et elle me baisa sur les deux joues. Deux jolis baisers, pleins d'une suavité fluidique, légers comme une note harmonieuse, veloutés comme une feuille de rose, parfumés comme la violette sauvage!

Et moi, timide, lourdaud, autant qu'un gros collégien fraîchement sorti de chez les Barnabites, je demeurai droit comme un échalas de vigne.

Je sens encore la douce impression de ces baisers aussi chastes que ceux d'une sœur et sanctifiés par la présence du père-poteau.

— Ma fille, prépare le café.

On s'assit près de la cheminée, et mon amphytrion me parla de sa proche parenté avec un général très connu. En l'écoutant, je regardais l'intérieur qui révélait une aisance presque luxueuse. Je pensai que l'habillement rustique de Marie lui était imposé par la rigidité républicaine de son honnête homme de père.

Bientôt Marie nous versa dans deux tasses de Sèvres le café fumant, pendant que le père versait la fine-champagne dans deux verres mousseline. La conversation nous transporta en Italie.

— Quel beau pays! disait l'enfant; comme je voudrais le voir!

— Tu le verras à ton voyage de noces, répondit le père.

A ces mots, les grands yeux de Marie se dilatèrent; toutefois, elle retenait une larme.

— Mon voyage de noces! répéta-t-elle avec une profondeur d'émotion qui révélait les anxiétés, les tortures de ce jeune cœur; elle pensait à celui qui peut-être gisait moribond dans quelque ambulance de Paris.

On plaint beaucoup ceux qui partent; on ne calcule pas toujours les angoisses de ceux qui restent.

— Vous devez bien souffrir, dit-elle, sous notre climat rigoureux, vous qui dans votre pays êtes habitué à un printemps éternel!

— Oh! non, Mademoiselle, le printemps ne règne pas toujours à Milan. Nous avons des hivers rudes, des étés brûlants. Tout n'est pas rose en Italie.

— Ah! vraiment... je croyais... Mais je suis une pauvre sotte... Et vous êtes parti comme cela pour un pays étranger, en abandonnant votre famille, votre maison, vos amis, peut-être une *amie?*

— Hélas! je n'ai plus ni famille ni maison. J'ai peu d'amis et pas d'*amie.*

— Pauvre jeune homme!

Le clairon m'annonça que le bataillon arrivait, et quittant avec émotion ces amis d'une heure, je courus où m'appelait le devoir.

CHAPITRE X

En avant de Saulieu on entendait distinctement la voix d'un officier qui semblait reprocher
aux soldats leur lenteur quand la fusillade inopi-
née arrêta les uns et les autres. Quelques-uns tombent, d'autres fuient; d'autres encore, protégés
par les arbres et les accidents du terrain, ouvrent
un feu bien nourri pour laisser au gros de la
colonne le temps d'arriver.

Il arriva en effet, avec six pièces d'artillerie
qui commencèrent leur innocente canonnade
contre les arbres de la forêt et les lièvres, surpris de se voir chassés avec du si gros plomb.

L'artillerie ne pouvait rien contre des hommes
éparpillés sur une longue ligne et parfaitement
abrités; l'ennemi tenta une charge à la baïonnette pour les déloger de leur excellente position.

Il fut de nouveau repoussé; et cette fois, nos
gens, quittant leurs abris, s'élancèrent sur l'en-

nemi qui disparut en répondant mollement à
notre feu.

On dit que l'empereur Guillaume ne veut pas
abolir le fameux casque de cuir bouilli, mais
ce casque devient gênant quand le soldat est en
fuite. A la suite de la moindre affaire, le sol était
jonché de casques et pas un franc-tireur ne rentrait sans en rapporter quelqu'un sur le sabre-
baïonnette.

Il y avait eu peu de pertes de notre côté.
L'ennemi devait avoir plus de mal, puisqu'il s'é-
tait battu à découvert; mais il avait emporté ses
blessés en se retirant, avec cette célérité admirable qui empêche de connaître les pertes subies. Tout fiers de ce petit succès, les francs-tireurs se promettaient de nouveaux lauriers pour
le lendemain.

C'est ainsi que se relevait peu à peu le moral
de notre armée qui, plus tard, sut faire ce qu'on
eût à peine obtenu de vieilles troupes. Je parle
de la défense opiniâtre de Dijon contre des forces triples, contre la fleur de l'armée allemande
et contre Manteuffel, un de ses généraux les plus
renommés.

Je télégraphiai de suite au général Menotti en lui demandant des instructions pour le lendemain, sûr qu'il y aurait une attaque nouvelle et plus sérieuse. Le bataillon dont je disposais devait donc être un secours providentiel pour la Guérilla d'Orient, fatiguée et obligée de passer une nuit très froide aux avant-postes.

Hélas! le télégraphe resta muet; le service était interrompu et, quand mes nouvelles arrivèrent à Arnay, le bataillon resté à Maupas avait reçu l'ordre de se replier sur Arnay, menacé de tous les côtés.

Nous passâmes toute la nuit debout, nous attendant à une attaque qui n'arriva pas ce jour-là, non plus que le lendemain. Le fait est que les colonnes de reconnaissances ennemies, partout repoussées, s'étaient retirées sur Précy, où le général prussien devait être fort embarrassé, ne pouvant connaître ni nos positions ni nos forces numériques qui, grâce à la rapidité des mouvements antérieurs, devaient paraître trois fois plus considérables qu'elles ne l'étaient en réalité.

Partout où les Prussiens s'étaient montrés, on les avait repoussés victorieusement.

A l'aube seulement, m'arriva l'ordre de rejoindre mon général. Désirant lui rapporter des informations plus précises, j'attendis le résultat de la reconnaissance qui devait être exécutée par le colonel Bossi avec l'escadron des guides.

Le brouillard était si intense qu'à peine, à dix pas, pouvait-on distinguer la silhouette d'un cavalier.

Bossi se porte assez loin sur la route de Précy; les vedettes les plus avancées croient entendre des pas de chevaux ; deux soldats, le revolver au poing, s'élancent sur un groupe de cavaliers qui se dessinent vaguement dans l'atmosphère opaque. Ce sont des ennemis. Un coup part, dix autres succèdent, et les deux masses de cavaliers se heurtent.

— Arrêtez! arrêtez! crient les officiers qui s'aperçoivent d'une méprise.

Malheureusement déjà, quelques hommes sont blessés. On n'a pas su d'où était parti le premier coup de feu.

C'étaient les guides de Ricciotti, que nous croyions prisonnier et qui avait, pour ainsi dire, miraculeusement échappé à l'ennemi.

— Voilà toujours une bonne nouvelle à rapporter, pensai-je.

Très fatigués, nous reprîmes la route d'Arnay. Après deux heures et demie de marche dans cet océan de brouillard, j'arrivai à Maupas que j'avais quitté la veille; puis en me dirigeant sur Arnay, je fus surpris de voir qu'à Jouy, situé deux kilomètres en avant d'Arnay, nos avant-postes étaient enlevés.

— Les Prussiens seraient-ils à Arnay? me dis-je. — Peut-être, tout en faisant une démonstration du côté de Précy, l'ennemi est-il descendu de Dijon par la route de Sombernon?

A tout hasard, comme nous pouvions être obligés de confier notre vie ou notre liberté aux jarrets des chevaux, on resserra les courroies des selles et l'on visita les armes.

Les petits *chassepots* des chasseurs étaient hors d'usage à cause du froid. Ici, j'ouvre une parenthèse pour faire remarquer un des nombreux inconvénients de ce mécanisme. L'huile, que le soldat met peut-être trop abondamment, se fige dans les batteries, et il faudrait plonger l'outil dans le feu avant de s'en servir. Les ministres de la guerre ont négligé de munir les fusils de capotes pour les abriter contre le froid aussi bien que les soldats eux-mêmes.

Il fallut donc avancer avec ces armes inutilisées. D'ailleurs, la carabine de la cavalerie est une arme de luxe. Si l'on additionnait les coups tirés par les cavaliers de part et d'autre pendant la guerre, nous verrions que sur un million, un peut-être a été efficace.

Le brouillard s'était dissipé, mais le ciel restait sombre et la nuit approchait avant que la ville fût en vue.

Le voisinage de l'écurie pour les chevaux, la hâte d'arriver et d'échapper au froid, pour nous, animaient si bien bêtes et gens que, malgré la crainte de tomber sur les avant-postes ennemis, nous prîmes le trot au risque de nous étendre *les quatre fers en l'air*, comme disaient plaisamment les soldats en parlant de ceux qui faisaient une chute.

A un kilomètre environ d'Arnay, la route fait un brusque détour pour reprendre ensuite sa direction primitive. Ce fut à cet endroit, qu'ayant ralenti le trot des chevaux que nous tenions en bride, car le terrain y était fort glissant, nous aperçûmes une douzaine de cavaliers, qui, en nous voyant, s'élancèrent sur nous.

Mais il n'y avait pas à se tromper. Malgré le peu de jour qui restait, nous reconnûmes les képis rouges. De leur côté, les cavaliers, qui étaient en patrouille, rirent de leur méprise première et continuèrent leur chemin pendant que nous entrions à Arnay.

En même temps, un bataillon italien, sous les ordres d'un major, allait établir des avant-postes à Pochey et Allerey, situés l'un à cinq, l'autre à six kilomètres de la ville.

Les délices d'un bon feu, d'un souper et d'un cigare de choix m'attendaient.

— N'est-ce pas, mon capitaine, demandait un de mes chasseurs en absorbant un verre de vin chaud, que l'on est mieux ici que là-bas à cheval?

Quand on fait ses comptes sans son hôte... dit le proverbe; et moi qui comptais sans mon général!

Un officier, le petit Canessa, je crois, vient m'appeler.

— Que veux-tu?

— Le général veut te parler.

Quand je montai, celui-ci me demanda si j'étais bien fatigué.

— Moi, pas absolument; mais ma pauvre bête n'en peut plus.

— Bien! prenez un de mes chevaux, courez au village de Pochey où vous trouverez le major, à moins qu'il ne soit à Allerey. Et il me donna des ordres à transmettre.

— Resterai-je là-bas?

— Non, revenez immédiatement.

Adieu, songes riants! En traversant la cuisine, je jetai un regard désolé sur la cheminée,... et puis de nouveau, en selle!

A Pochey, je trouvai le major avec un gros détachement. On avait signalé des coureurs ennemis, mais c'était encore une fausse alerte des paysans, qui avaient rencontré nos chasseurs et les confondaient avec des Prussiens.

En revenant à Arnay, j'étais tellement brisé que je m'endormis à table; mes amis me portèrent comme un enfant dans mon lit, et je me passai de souper.

Arnay devenait donc le point central de notre brigade, échelonnée dans les villages voisins.

Les Prussiens semblaient avoir changé d'avis et renoncé à attaquer Autun. La marche hardie, mais malheureuse, de Bourbaki à l'est, devait, ce me semble, les pousser à nous attaquer vivement pour isoler Bourbaki et lui couper vivres et renforts.

Les circonstances si déplorables où se trouvait l'armée lui firent plus de mal que les Prussiens.

Au commencement du mois, le général Menotti s'était rendu à Autun pour voir son père et lui faire part des combats partiels qui, presque tous les jours, se livraient sur la ligne très étendue de nos avant-postes. Je l'avais accompagné et je préparais pour le lendemain le retour à Arnay, lorsque chez le général arrivèrent l'officier payeur et l'officier supérieur préposé au service télégraphique. Ils venaient communiquer un télégramme arrivé du quartier général.

L'ennemi avait évacué Dijon.

Cette nouvelle était si incroyable que nous n'y

ajoutions pas foi. Menotti alla chez son père. Le fait était exact et, de Beaune, le général Cremer confirmait la vérité du télégramme.

Le départ pour Arnay fut précipité. Le capitaine Baghino fut chargé de rejoindre à Sombernon le colonel Lhoste, commandant les Francs-tireurs réunis, et de se mettre en marche sur Dijon.

Deux jours après, notre avant-garde, en même temps que celle de Cremer, arrivait dans la capitale bourguignonne, tandis que notre brigade s'installait provisoirement à Vandenesse.

Le 10, nous apprenions que le général Cremer, au lieu de garder Dijon ou Dôle, comme nous le pensions, rejoignait l'armée de l'Est, et nous recevions l'ordre de nous réunir à Garibaldi, qui décidément devait occuper Dijon.

Jamais marche ne fut plus joyeuse et accomplie avec plus d'entrain. Plus de traînards, pas un boiteux. En une étape, on fut de Vandenesse à Sombernon, de Sombernon à Plombières, où Menotti fit faire halte. Plombières regorgeait d'hommes, de chevaux et de matériel. Beaucoup firent cette nuit même les quatre kilomètres qui nous séparaient de cet Eldorado de nos rêves, la magique ville de Dijon !

Menotti fit chercher, aussitôt après avoir donné les ordres nécessaires pour les logements et les vivres, une voiture qui pût le transporter chez son père. Avec l'aide du maire et des adjoints, je finis par trouver une mauvaise charrette à deux roues, non suspendue, une de celles que les paysans emploient pour porter les veaux au marché. Il fallut s'asseoir sur un sac plein de paille. L'enfant qui conduisait, fier comme Artaban, d'avoir à guider le général, fils de *Galibardi*, fouetta vivement sa grosse jument, et à travers quinze degrés de froid, nous partîmes avec une vélocité qu'il fallut modérer de temps à autre.

Talant, dans une position inexpugnable, se dressait à pic sur notre gauche.

Bientôt le ciel se couvrit d'une teinte rose et fumeuse. C'était l'effet des nombreux becs de gaz de la ville ; puis nous distinguâmes les feux eux-mêmes.

— Qui vive ?

— France, France !

L'ordre d'avancer n'arrivant pas, je sautai à bas de la charrette, et répétant « France », je criai au factionnaire de faire son devoir.

— Arrière ! fit-il en faisant sonner la batterie de son fusil.

— Officiers garibaldiens, criai-je encore.

— Arrière ! répéta ce nigaud.

— Appelez le chef de poste.

— Il dort.

— Ah ! il dort ? appelez-le tout de suite, crétin !

Au bout d'une demi-heure, le chef de poste arrive et veut me faire entrer au corps-de-garde.

— Pourquoi le corps-de-garde ?

— Vous ne pouvez pas entrer sans laissez-passer.

— Mais nous avons le mot d'ordre.

— Et moi, je n'en ai pas.

— Comment, chef de poste, vous n'avez pas de mot d'ordre, et vous dormez étant de service aux avant-postes ? — Pour en finir, je dis : C'est le général Menotti.

— Vous voulez dire *Minotti*.

— *Minotti* si vous voulez, mais dépêchons.

— Alors, c'est bon, passez.

— Quels sont ces singuliers soldats? demandai-je au général.

— Des mobilisés novices qui viennent d'être attachés à l'armée des Vosges.

— S'ils ressemblent tous à ceux-là, nous sommes frais, sans compter qu'avec leur uniforme, on les prendrait pour des Prussiens, moins la discipline, bien entendu.

C'est au palais de la préfecture que Garibaldi avait installé son quartier général; au premier étage étaient les bureaux où, sans cesse, allaient et venaient des officiers chargés d'ordres et de télégrammes.

Je revis avec plaisir nos amis et l'on m'apprit les nouvelles. Le colonel Canzio devait commander une brigade composée d'étrangers, Espagnols, Égyptiens, Italiens, le beau bataillon Perla et autres..., brigade qui n'a existé que sur le papier, a-t-on dit ironiquement. Malgré cela, elle a su se conduire fort bien et se montrer digne du brillant officier qui la commandait. Le commandement du quartier général fut assigné au major Fontana; enfin, il y eut des nouveautés sur toute la ligne; mais on était encore une fois sans nouvelles de Ricciotti et de ses francs-tireurs qui s'étaient avancés au milieu des ennemis. Mon général était dans la chambre de son père, occupé d'affaires de service; en pareil cas, il oublie les besoins du corps. Je désirais aussi saluer notre général en chef que je n'avais pas vu depuis longtemps. Je m'insinuai donc dans la chambre, sous prétexte de demander des ordres.

— Je n'en ai pas à vous donner, dit Menotti; mais je vous avertis que nous coucherons ici.

— Général, s'il m'était permis, je vous ferais remarquer qu'il est huit heures du soir et que depuis huit heures du matin vous n'avez rien pris; ne devrais-je pas commander le dîner?

— Je vous reconnais bien là! Vous ne songez qu'à vous gaver!

— C'est une chose qui a son importance, dit en souriant Garibaldi avec sa cordiale bonhomie et il me tendit une main que j'osai à peine effleurer, car cette main de fer, terrible dans les batailles, est débile comme celle d'un enfant; mais l'énergie morale ne vieillit pas chez lui.

J'obtins ce que je voulais; après un dîner plantureux et une soirée fort amusante pendant laquelle le jeu me mit encore à sec, je retournai au quartier général chercher un coin pour reposer; il faut ajouter un ami auquel emprunter quelques sols.

En sortant par la porte Guillaume et prenant la route de Paris, on laisse, à droite, le cimetière où reposent tant de compagnons, et l'on trouve le chemin de Plombières sur ce même côté; à gauche, la montée rude et pénible qui conduit à Talant.

Il faisait à peine jour et mon général était monté avec moi dans le rustique véhicule de la veille. Au lieu de se faire reconduire à Plombières, il commanda au petit conducteur de prendre la route de Talant. Elle est si escarpée qu'il fallut faire le chemin à pied. Comme celui-ci était couvert de glace, pour ne pas tomber, nous dûmes plus d'une fois, nous servir de nos mains à la façon des quadrumanes, *nos ancêtres*, paraît-il? Ajoutez qu'un vent sibérien nous cinglait le visage.

Si la faim, au lieu de parcourir le monde à

la façon du Juif-Errant, devait faire élection de domicile quelque part, je lui conseillerais de choisir Talant. Je ne parle que de son aspect hivernal en temps de guerre. Mais quelle position formidable !

Si la descente est rapide du côté de Dijon, elle est à pic en face de Plombières et la face qui regarde Daix ressemble à une cime des Alpes.

Autour des misérables maisons de ce nid de vautours et suivant les courbes du bastion naturel, se déroule une ruelle formant un vrai chemin de ronde ; on voit s'élever une petite église sur une place irrégulière et quelques hâves cabanes se groupent le long d'obscurs sentiers.

Mais quelle admirable perspective ! d'un côté Dijon se dresse teint en rose par le soleil levant, puis Fontaine sur une colline opposée qui encaisse la route de Paris et une série d'autres collines qui vont en moutonnant vers Daix ; à l'ouest, la vallée de l'Ouche dominée par les hauteurs de Bel-Air.

Menotti étudia longuement et minutieusement

la position et fit demander au maire combien il pourrait loger de soldats.

Cinq cents hommes, pas plus, le village étant petit et misérable. L'état-major serait installé dans deux ou trois petites chambres près des sœurs de charité, les officiers trouveraient gîte chez les habitants les plus aisés.

Or, notre troupe se composait de cinq mille hommes environ sans compter les francs-tireurs. Il fallait donc s'étendre dans le faubourg de Dijon et les villages voisins. Voici ce qui fut décidé.

Les mobiles des Basses-Alpes et Alpes-Maritimes resteront à Plombières; les légions italiennes dans le faubourg Saint-Nicolas de Dijon; les Basses-Pyrénées, l'artillerie, quelques cavaliers et enfin l'état-major à Talant.

J'allai à Dijon communiquer au général en chef la décision de son fils. A la barrière, je rencontrai la brigade Bossak; aussi infortunée que nous, elle allait occuper Fontaine, qui, malgré son nom harmonieux, ne laissait couler que du froid et de l'ennui.

Le soir même nous étions installés, fort mal,

chez les pauvres sœurs, qui purent difficilement trouver des matelas à étendre par terre dans la petite pièce destinée à cinq ou six officiers.

A partir de ce moment nous eûmes à mener une existence nouvelle, la vie du uhlan ; en raison de l'éparpillement des troupes, il fallait faire le service des correspondances et le métier d'éclaireur. Nous allions sur nos selles plus ou moins rembourrées, parcourir les environs dans un rayon de vingt kilomètres ou chercher des renseignements chez les maires ; nous rencontrions, chemin faisant, l'ennemi, et le lointain salut d'un fusil à aiguille nous indiquait qu'il fallait faire volte-face.

A travers des souffrances cruelles dont le souvenir s'atténue, je me rappelle que cette existence était fort amusante. Je trouvais un charme particulier à ces longues courses dans les neiges, à ces repas hâtifs, la main sur le pistolet, à ces fuites rapides, à cette poursuite d'une silhouette lointaine qui s'arrêtait quand nous nous arrêtions, qui galopait devant nous, ou nous suivait en cas de retraite en se maintenant à la même distance.

Quels excellents cavaliers que les fourrageurs du roi Guillaume!

Le fait est que la victoire les avait enorgueillis; si les généraux font les victoires, celles-ci, à leur tour, font les bons soldats.

Nous n'avions toujours pas de nouvelles du corps de Ricciotti et cela nous inquiétait. On lisait que près de Montbard, il avait eu une rencontre avec l'ennemi; mais nous ne savions rien de précis.

De la petite brigade Lobbia, envoyée trop témérairement sur la route de Paris, nous ne savions rien non plus. Le sort incertain de ces deux corps était le seul nuage qui assombrissait notre horizon. Pendant que les nouvelles générales étaient de plus en plus tristes, on se préparait chez nous à une action décisive. Garibaldi, faisant lui-même les explorations nécessaires pour contrôler les informations fournies par les habitants, parcourait les campagnes, suivi d'un état-major plein de confiance, à moins que, sans escorte, il ne poussât jusqu'aux avant-postes de l'ennemi. De temps à autre il nous était permis d'aller à Dijon nous reposer de nos fatigues et échanger notre ordinaire de *vache enragée* contre quelques bons beefsteaks à l'hôtel de la Cloche.

Nos positions se garnissaient de canons de 12 que le gouvernement de la Défense nationale avait fini par nous envoyer ; M. Olivier, officier de marine distingué, en surveillait la direction pendant que le génie travaillait sans relâche aux batteries. Enfin, le moral de l'armée se remontait tout à fait en voyant s'accroître nos moyens d'attaque et de défense.

Nous n'avions qu'un embarras, mais il était grave ; celui que nous causait l'adjonction des mobilisés.

Pauvres gens! Comment les employer? Supposez que chez nous, on fasse une visite domiciliaire pour obliger tous les veufs et vieux garçons jusqu'à quarante-cinq ans, de venir au château, où quatre employés de l'administration les habilleront en soldats, les armeront et les enverront se battre de suite sous les ordres d'officiers qui n'ont jamais touché un sabre et n'ont vu brûler que la poudre des feux d'artifice. Ajoutez qu'on les enverra contre un ennemi que la victoire a rendu sûr de lui. Que pourra le général chargé de faire manœuvrer de pareils hommes?

Je me rappelle souvent avoir vu à Dijon de longues files de gens vêtus de noir comme des croque-morts, que l'on faisait stationner par un froid terrible; je n'ai jamais su pour quel motif. Les malheureux devaient souffrir les tortures du cercle glacé dans l'enfer de Dante. Placés aux avant-postes, ils voyaient partout des Prussiens et tiraient sur tout venant, de façon qu'affronter l'ennemi était moins dangereux que de les approcher. Je les voyais grouiller partout, la baïonnette au canon du fusil, courbés sous le faix du sac, et quand on les réprimandait, ils disaient avec raison : « Que voulez-vous? nous ne sommes pas des soldats. »

Sauf cet inconvénient, tout allait pour le mieux à Dijon, dont nous conserverons toujours le plus agréable souvenir.

Ricciotti, avec ses francs-tireurs, étant revenu après des marches continuelles et plusieurs faits d'armes, nous étions au grand complet : cependant la brigade Lobbia, irrémédiablement

11.

séparée de nous, avait dû s'abriter dans la forteresse de Langres.

Après une démonstration vers Is-sur-Tille,
position importante, fortement occupée par les
Prussiens, nous connûmes les projets de l'ennemi. D'après des dépêches et des informations
précises, on sut qu'il devait attaquer Dijon
pour en finir avec nous et avoir pleine liberté
d'action contre Bourbaki. Il fallait donc nous
retrancher dans nos solides positions.

De quel côté serions-nous attaqués?

Les Prussiens devaient connaître leur Dijon
sur le bout du doigt, après y avoir si longtemps
séjourné. Il était probable qu'ils chercheraient
à entrer par le nord et le nord-est, où ils n'auraient pas à redouter les terribles positions
de Talant et Fontaine. Cependant, le premier
et le second jour, c'est précisément par Talant
qu'ils s'avancèrent. Le troisième, ils s'aperçu-
rent de leur erreur quand il était trop tard.

Dijon pourrait être comparé à une presqu'île
entourée d'ennemis, attaquable de toute part,
sauf du côté de Beaune et Nuits. Ne sachant
donc quel serait le point menacé, le général

avait essayé de les fortifier tous en distribuant habilement ses forces.

La nuit du 17, on signala de gros corps ennemis à Sainte-Seine : les francs-tireurs qui l'occupaient s'étaient retirés sur les hauteurs qui dominent Val-de-Suzon, en laissant un poste à la ferme de la Casquette, au bord d'une grande forêt qui s'étend jusqu'à Pâques, Prenois et Lantenay. Nous apprenions qu'à Verrey, les Francs-Comtois et surtout les francs-tireurs d'Oran avaient soutenu, pendant toute la journée, un sérieux combat contre l'ennemi. Le lendemain, ils occupaient Pont-de-Pany. Les Francs-tireurs réunis, menacés par des forces imposantes, s'étaient aussi rapprochés de Dijon.

On avait rappelé, à Talant, deux bataillons de mobiles qui occupaient Plombières; mais cette position n'étant pas défendable, les mobiles ne devaient y retourner qu'en cas de non-attaque.

La lente et pesante tactique des Allemands qui marchent rarement la nuit, en face de l'ennemi, et n'attaquent jamais, nous donnait beau jeu pour ces mouvements de troupes. Le froid,

toujours plus intense, nous obligeait souvent à
loger pendant la nuit nos corps dans les positions dangereuses, sauf à leur en assigner de
meilleures dès l'aube. Il fallait passer la journée
en plein air; mais ne pas abriter les hommes
pendant la nuit, c'eût été les tuer.

Apprenant par le télégraphe que l'ennemi
se massait à Sainte-Seine, le général Menotti
m'ordonna de monter à cheval et d'aller de ce
côté-là avec une dizaine de chasseurs, aussi
loin que possible, pour avoir des informations
précises.

Le chemin était celui que nous avions parcouru deux fois en avant et en arrière dans la
sinistre nuit de l'attaque de Dijon. Voici Daix
entrevu dans l'obscurité, la ferme de Changey
où était la grand'garde prussienne, puis l'é-
minence où s'élança bravement notre avant-
garde; plus loin la route qui conduit à Prenois,
Pâques et Lantenay, cette route qui nous parut
si longue avec la pluie, la lassitude et le découragement pour compagnons pendant la retraite nocturne.

Un triste souvenir pour les camarades tombés

ici, une pensée sympathique pour le pauvre
dell' Isola misérablement mutilé. Puis, afin de
combattre le froid, une accolade à la gourde
que j'ai volée à Canessa pour le punir d'avoir
passé à la brigade Canzio en abandonnant les
vieux amis de la brigade Menotti.

Darois était gardé par un poste de mobiles
de l'Aveyron sous le commandement de Bossack. Nous y acceptons volontiers une goutte
d'eau-de-vie et bientôt nous voici en vue de Val-
de-Suzon.

Val-de-Suzon, vu de haut, ressemble à ces
pittoresques villages de la Suisse où les touristes
viennent, sous les ombrages alpins, se reposer
des chaleurs estivales. Les collines qui l'entourent descendent à pic; du haut de la route,
comme du sommet du dôme sur le Corso, nous
voyions soldats et paysans devenus microsco-
piques par l'éloignement.

Le chemin qui descend pendant un kilomètre
de rapides zigzags, vous amène au fond d'un
puits où les grands arbres paraissent des mousses
qui en tapisseraient les parois.

Un corps surpris dans ce lieu y serait totalement écrasé avant d'avoir pu courir aux armes.

Voilà pourquoi le bataillon qui s'y trouvait avait laissé deux compagnies en observation sur les hauteurs et poussé des patrouilles jusqu'à la ferme de la Casquette, au bord extrême de la forêt.

Le maire du pays savait peu de chose. Le commandant des francs-tireurs m'apprit que l'ennemi occupait Sainte-Seine; mais, sauf quelques cavaliers aperçus par nos avant-postes, rien n'indiquait de sa part un mouvement offensif.

A Francheville, situé au nord de Val-de-Suzon, tandis que Sainte-Seine se trouve à l'ouest, l'ennemi était nombreux. En descendant par la route de Francheville, il pouvait arriver à Val-de-Suzon et couper nos avant-postes de la ferme, trop éloignés pour se replier à temps sur nous.

Je jugeai donc, avec le commandant, qu'il serait prudent de les rappeler et les grouper à l'entrecroisement des deux routes, pendant qu'avec mes chasseurs j'explorerais le pays.

Il n'y avait rien. Peut-être les uhlans ne voulaient-ils pas se hasarder dans les bois qu'ils savaient gardés; peut-être ce jour-là était-il consacré au repos. Toujours est-il qu'on ne vit pas un seul casque à l'horizon. Je pus donc, en revenant à Talant, annoncer qu'il n'y avait rien à craindre, au moins du côté de Sainte-Seine.

J'insiste sur ces détails, parce que beaucoup de journaux, même parmi ceux qui nous sont favorables, ont raconté que Garibaldi s'était laissé surprendre à Dijon.

Ce sont les habitants eux-mêmes qui ont pu le croire en entendant tout à coup tonner l'artillerie, en voyant les mobilisés courir aux armes avec un certain désordre. Or les habitants n'étaient pas avertis; mais une surprise, avec tant de sages précautions, devenait impossible, et nous étions sur nos gardes quand arriva la bataille.

CHAPITRE XI.

La journée du 20 se passa comme la précédente; quelques vedettes ennemies à l'horizon, mais pas un coup de fusil. Cependant, chacun pressentait un événement; il y avait comme une odeur de poudre dans l'air.

Les corbeaux, toujours nombreux en hiver dans les champs blanchis de la Bourgogne, semblaient s'être multipliés, tant on en voyait disséminés sur la neige, ou volant en grandes bandes sur le ciel brumeux du matin ou le ciel bleu de l'après-midi. Ils sautillaient sur les branches dénudées ou plongeaient la tête dans la neige pour y chercher des carcasses de chevaux morts de faim.

Quelles ripailles pour eux durant l'hiver de 1871!

Pendant la nuit du 20 au 21 à peine put-on dormir. A chaque instant le planton apportait des télégrammes au général. Le matin, il me fallut quitter mon lit, c'est-à-dire le matelas jeté par terre.

J'eus l'ordre d'aller à Pont-de-Pany, pour y trouver le bataillon des francs-tireurs d'Oran et avoir des nouvelles de l'ennemi dont les mouvements étaient très lents. Il avait été signalé à peu de distance de Lantenay, Prenois, Pâques, et paraissait s'avancer sur Dijon, par le chemin que nous avions nous-mêmes parcouru, lors de notre attaque nocturne.

En passant par Plombières, je transmis au commandant des Alpes-Maritimes l'ordre de se porter sur Talant, puis au bout de deux heures d'un trot pénible sur le sol glacé, je trouvai les Africains du bataillon d'Oran échelonnés le long de la route. C'étaient, pour nous, de vieux amis. Nous avions mangé ensemble le pain et le sel, partagé les souffrances, les fatigues, le froid et le bon vin de Bourgogne !

On déchargeait les mulets porteurs de cartouches. C'est une des nécessités des armes modernes. On était obligé d'avoir un petit parc pour chaque compagnie ou chaque bataillon détaché.

Après une demi-journée de combat, les gibernes étaient à sec. Si l'on songe à la prodigalité insensée des tirailleurs dont le feu n'est pas surveillé, on comprend l'urgence de cette précaution. Le poids énorme des cartouches à culot métallique empêche le soldat d'en porter beaucoup à la fois.

Un mulet par compagnie doit être suffisant; et, grâce à cette adjonction, l'on n'aurait pas la moitié des combattants munis d'armes aussi innocentes que certain outil d'apothicaire... N'insistons pas.

— Bonjour. Comment ça va-t-il.

— Bien, bien, et vous?

Compliments et poignées de main furent échangés.

On me raconta les détails du combat de Verrey.

— Qu'y a-t-il de nouveau aujourd'hui?

— Il y a que nous venons d'entendre une fusillade bien nourrie du côté de Sainte-Seine où l'ennemi grossit toujours et que la journée ne se passera pas sans attaque.

Je transmis au commandant l'ordre d'éviter le combat et d'aller occuper en se retirant sur

Dijon, les hauteurs inexpugnables de Corcelles, d'où l'on peut arriver sans encombre dans la ville.

Après avoir mangé une bouchée avec les chasseurs, sans mettre pied à terre, je me mis en route pour retourner à Dijon.

A la hauteur de Fleury-sur-Ouche, où était un poste de mobilisés, il me sembla remarquer une certaine inquiétude chez ces pauvres soldats. Ils regardaient avec anxiété au loin, tout en regagnant lentement les hauteurs qui là n'étaient pas trop escarpées.

Je regardai à mon tour et j'aperçus une longue ligne noire qui se mouvait le long du chemin de fer. Tous nos corps étant rentrés ce ne pouvait être que des Prussiens.

J'éperonnai vivement pour aller à Talant prévenir le général. Je m'y prenais trop tard. Une détonation lointaine vibra dans l'air, répercutée par les échos, et courut le long des vallées. Le bruit venait du côté de Dijon. A ce coup en succédèrent d'autres lentement d'abord, puis nombreux, pressés, jusqu'à ce que l'atmosphère fût remplie d'un roulement continu comme un vent d'orage.

Nous voilà au galop sur la route glacée, tout en jetant un coup d'œil sur notre gauche pour étudier les progrès de la ligne noire.

C'était plus qu'une ligne! A la hauteur de Vilars, à cinq cents mètres de nous, la voie du chemin de fer était complètement couverte d'ennemis. Heureusement que l'Ouche et le canal nous séparaient de façon qu'ils ne pouvaient pas nous faire poursuivre par des cavaliers. Les Prussiens ayant marché le long de la vallée opposée, n'avaient longé la voie ferrée que pour venir dans la vallée où nous étions et s'y emparer de la route que nous venions de parcourir.

Encore un coup d'éperon! Peut-être arriverons-nous à Plombières avant eux?

Nouvelle déception. Les chariots de fourrage destinés à notre armée, les charrettes pleines d'enfants, de femmes, de vieillards et de bagages nous apprirent que Plombières était déjà occupé par l'ennemi. Reculer était impossible, car la retraite se trouvait coupée. A droite, des collines à pic; à gauche, l'ennemi; en face, Plombières pris, et si l'on se battait à Talant, les routes qui y mènent devaient être encombrées par les Prussiens venus de Sainte-Seine.

— Nous sommes pincés, mon capitaine, me dit un des chasseurs.

— Pas encore, répondis-je en me mordant la lèvre avec dépit.

En cas désespéré j'aurais laissé les chevaux et j'aurais essayé, au risque de nous casser le cou, de grimper sur les hauteurs, vraies murailles de granit à peine couvertes d'une maigre végétation.

Je demandai aux paysans si, plus loin, il n'y avait pas de sentier pour arriver au sommet.

On me répondit que non. Heureusement je consultai ma carte du département et à force d'observer, je crus distinguer une mince ligne tortueuse montant sur la droite, à trois cents mètres avant le pont de Plombières. C'était notre seul espoir de salut. Sinon, acculés comme des loups par les chiens, nous ne pouvions que nous rendre ou nous faire tuer.

Nous arrivons en vue du pont de Plombières. Il est gardé. Par les nôtres ou par l'ennemi? La distance nous empêche de le voir. Nous nous lançons au galop. Notre salut dépend de nos montures. Les soldats du pont se détachent plus clairement après le dernier coude de la route marquée par une saillie de la colline. Ce sont des Prussiens! En même temps, j'aperçois sur la droite un grand trou formé par le jeu de la mine dans le rocher et, à côté, un étroit sentier ou plutôt un lit de petit torrent qui, en serpentant, monte et disparaît derrière la hauteur.

C'était la mince ligne indiquée sur la carte, le sentier devant lequel j'avais passé mille fois sans l'apercevoir. Là était le salut pour nous. Nos bêtes rudement éperonnées, faisant feu des pieds, grimpent comme des chamois.

Le poste nous envoie une décharge! les balles vont frapper les arbres, les pierres, et ne font qu'accélérer notre marche; plusieurs autres décharges se succèdent; nous n'avons pas le temps de nous retourner pour répondre aux salutations de l'ennemi.

Au sommet de la colline, après un moment de repos, nous nous dirigeons au trot vers Talant qui se dressait superbe, vomissant du feu contre les collines voisines d'où l'ennemi le foudroyait.

C'est une grande et belle chose que le spectacle d'une bataille, un spectacle vraiment royal!

Ave Cæsar, morituri te salutant!

Et les bataillons se ruent les uns contre les autres. La mitraille les décime; le cri de douleur de ceux qui tombent est étouffé par les clameurs des combattants. Le grondement du canon, le crépitement des fusils imitent les bruits de l'ouragan. Et le soir, le sol est couvert de morts, de blessés. Avant demain les deux tiers de cette multitude n'existeront plus! Qu'importe? Le vainqueur a légué une nouvelle gloire à son pays, une province à son souverain.

Napoléon s'attendrit sur le champ de bataille d'Eylau; pour qu'une larme montât aux yeux de cet homme qui ne pleurait jamais, il fallait que le spectacle fût bien horrible. Je n'ai pas vu Eylau; j'ai vu Dijon et je vous assure... mais pas de digression.

De la hauteur qui domine Plombières je voyais Talant et Fontaine répondre par un feu terrible aux obus de l'ennemi. Les deux collines, comme des volcans en éruption, se couronnaient de petits nuages gris après l'explosion des projectiles lancés contre eux, et des nuages plus larges

et plus opaques suivaient l'incessante explosion
de nos pièces. Dans le ciel d'un bleu pur on
voyait monter lentement ces nuées messagères
de mort.

Le fracas était intense, mais nous ne pouvions
pas voir la vallée d'où montait le craquement
continu de la fusillade. Qui sait combien d'amis
sont déjà étendus sur la terre, d'amis auxquels
je ne pourrai plus serrer la main!

C'est avec une impatience fébrile, mêlée d'une
sorte de terreur, qu'il nous tardait de rejoindre
les combattants. Nous éperonnions avec fureur
nos bêtes et courions à travers champs comme
les fantômes des ballades allemandes.

Arrivés sous la ferme de Bel-Air, nous décou-
vrîmes toute la plaine. Au milieu des vignobles
on distinguait les colonnes ennemies nombreuses
et compactes, et nos lignes de tirailleurs disséminés; partout brillaient les lueurs des fusils,
intermittentes comme, dans les belles nuits d'été,
les feux tour à tour cachés et lumineux des in-
sectes phosphorescents. Et le vent, de temps à
autre, nous portait la rumeur des voix d'hommes.

Le hurrah des Prussiens se mêlant aux cris des

Italiens et des Français, montait au ciel comme
un immense blasphème sorti de vingt mille
poitrines humaines !

Par un rapide sentier nous pûmes arriver derrière Talant sur la route.

Là nous ne voyions plus rien, mais quelque
projectile ennemi lancé trop haut venait tomber
près de nous après avoir décrit sa longue para-
bole au-dessus de la colline.

En tournant nous entrâmes en ville par le
faubourg de l'Ouche. Les rues étaient pleines de
charrettes et de mobilisés ; aux fenêtres, quelques
visages de femmes épouvantées ; aux portes, des
habitants qui se transmettaient les nouvelles de
la bataille.

— Comment va-t-on ? demandai-je à quelqu'un.

— Jusqu'à présent, très bien ! Allez les braves !
Vive *Galibardi !*

Quand nous arrivâmes à l'arc qui conduit à la
rue de Paris où avait lieu le combat, un spectacle déchirant et sublime se présenta à nous.

Une cinquantaine de voitures portant la croix
rouge sur champ blanc allaient et venaient sur

le théâtre de l'action ; elles allaient vides et revenaient pleines de blessés, auxquels des hommes, des femmes, des prêtres donnaient à boire et prodiguaient des soins. Le clergé de Dijon, même sous le feu, rivalisa de zèle charitable avec les femmes en secourant nos pauvres blessés.

En suivant la route du cimetière jusqu'au pied de Talant il y avait de longues files de charrettes, de brancards et de blessés soutenus par des camarades qui les portaient loin du feu. Épars, abandonnés sur les bords du chemin, on voyait des cadavres de jeunes mobiles ou de garibaldiens dans l'attitude du repos ; souvent ils avaient le sourire aux lèvres, horrible contraste avec les plaies affreuses auxquelles ils avaient succombé.

Sous Talant, nous voici en pleine bataille. Les balles pleuvaient comme les bouquets sur la scène à une dernière représentation de la Patti.

Une batterie, placée à droite de la route, regardant la plaine du côté de Fontaine, tonnait sans répit, rivalisant avec celle de Talant. C'est là que je trouvai Menotti mordillant un bout de cigare et veillant activement au feu.

Je me présentai à lui.

— Je croyais qu'ils vous avaient pris.

— Pas si bête, général!

— Eh bien, puisque vous voilà, piquez des deux et allez dire à Tanara de tenir bon, coûte que coûte.

— Et où se trouve le colonel Tanara?

— Devant vous.

Sur la route je rencontrai, au milieu d'une effroyable musique de balles, le colonel brigadier Canzio et Orense qui, frais et dispos, semblaient s'occuper d'astronomie. Le petit Canessa suivait Canzio comme un barbet, émettant quand les décharges augmentaient d'intensité, certaines interjections génoises que le bon goût empêche de transcrire.

— Comment cela va-t-il, colonel?

— Je n'ai plus de brigade. Ils me l'ont presque toute détruite *questi Pruscian di m....*

— Adieu!

— Adieu!

Plus loin la plaine se découvre.

On se battait admirablement derrière les murs où l'on faisait un feu endiablé. Il y avait là des

Italiens, des Espagnols, des Égyptiens. A droite, les *Francs-tireurs réunis* étaient sous les ordres du colonel Lhoste, ayant pour coadjuteur le capitaine d'état-major Baghino, dont la brillante conduite mérita une mention spéciale de Garibaldi. Celui-ci à cheval, impassible et froid comme une statue, suivait tous les détails de cette affreuse boucherie et donnait doucement ses ordres que l'on transmettait avec rapidité.

A droite des francs-tireurs réunis venait la légion Tanara dont les soldats firent des prodiges; puis la brigade Canzio dont les débris tenaient ferme. Les mobiles de notre brigade composée des Basses-Alpes, des Basses-Pyrénées, tandis que les Alpes-Maritimes restaient à Talant, étaient échelonnés sur la côte qui y donne accès.

Menotti conservait sous sa main la légion Ravelli, pour être lancée sur le point où la nécessité s'en ferait sentir. Nos mobiles gardèrent leur sang-froid sous cette grêle continue de balles qui portaient la mort de tout côté.

Sur notre droite, à Fontaine, les choses n'allaient pas aussi bien. La brigade Bossack se battait, il est vrai, mais son feu s'était ralenti et

ne répondait plus que mollement à la fusillade
furieuse de l'ennemi. A quatre heures elle tenait
encore, mais les Prussiens étaient arrivés au pied
de Fontaine qui, sans secours, devait être pris.
Les batteries de Talant et des collines voisines
faisaient de leur mieux pour lui venir en aide.
L'ennemi, toujours plus nombreux, plus serré,
inondait les vignobles qui semblaient être en
feu, tant, à la fin de la journée, la fusillade était
vive.

Pas de temps à perdre! Il fallait sauver Fontaine sous peine de perdre la journée.

Menotti envoie deux bataillons de la légion
Ravelli, tenus en réserve, et me fait porter à
Garibaldi l'annonce de ce mouvement.

Il était temps. En montant la colline, je voyais
ces deux bataillons se déployer en tirailleurs,
profiter des irrégularités de terrain pour s'abriter et y être reçus par une fusillade affreuse. Ce
fut l'affaire d'un quart d'heure; mais combien
tombèrent pour ne plus se relever!

Le major Pastoris fut un des premiers, et beaucoup d'autres le suivirent. Fontaine sauvé, la
journée fut à nous.

L'ennemi, fatigué et horriblement maltraité (car la bataille fut sanglante pour lui comme pour nous), diminua peu à peu la violence de son attaque. Les balles pleuvaient toujours; seulement elles nous étaient adressées par les bataillons en retraite qui nous envoyaient leurs adieux mortels. La victoire leur échappait mais il leur fallait encore quelques victimes parmi nos rangs pressés, le soir, sur la grand'route.

L'ennemi était donc repoussé, la victoire nous appartenait. Malgré cela, une sorte de démoralisation opprimait ces vaillants soldats qui s'étaient bien battus pendant toute la journée. La fatigue, la faim, l'affreux spectacle de ce champ de bataille jonché de morts et de blessés, nous impressionnaient plus que le feu nourri des gros bataillons ennemis. Les nôtres remontèrent sur les hauteurs de Talant, pendant qu'une longue colonne de soldats rentrait au pas dans la ville.

Si l'on avait eu quelque confiance dans les mobilisés, on aurait pu, comme ils étaient encore frais, leur faire occuper nos positions; mais on ne pouvait pas espérer grand'chose de ces pauvres braves gens.

Au pied de Talant sur la route de Paris, il y a deux groupes de maisons éloignés l'un de l'autre d'une cinquantaine de pas. Beaucoup de nos blessés y avaient été abrités. Quelques-uns d'entre nous, soit pour leur porter secours, soit pour chercher abri et nourriture, allèrent jusqu'aux dernières maisons les plus rapprochées de l'ennemi.

Ils furent accueillis par une décharge terrible. La surprise, l'obscurité, la panique firent naître un indicible désordre.

— Ne tirez pas! ce sont des nôtres!

— Non, ce sont des Prussiens!

— Mais non, non, vous vous trompez.

Les uns fuient, les autres s'avancent. De la maison partait toujours une fusillade nourrie. Profitant de l'obscurité et de la confusion, quelques Prussiens eurent l'audace de se glisser parmi nous et de nous tuer des hommes à bout portant. Alors, nos soldats placés derrière nous font feu à leur tour et tuent plus de camarades que d'ennemis. Les fuyards portent la panique le long de toute la colonne qui se dirige tumultueuse vers la ville; elle faillit renverser de son cheval Gari-

baldi qui essayait en vain d'arrêter cette cohue.
Que fuyait-on? personne ne le savait, puisque la
victoire était bien à nous. Ceci prouve combien,
dans une masse humaine, l'exemple d'un homme
peut engendrer l'héroïsme, et la peur de quelques-uns transformer les héros en lièvres.

C'est toujours l'histoire des moutons de Pa-
nurge.

Le major Sant' Ambrogio et moi étions au milieu de la bagarre avec Menotti. Pendant qu'il
essayait de faire cesser le feu, un Prussien, s'étant
approché presque à deux pas de lui, tire et le
manque.

— Par Dieu! s'écria Sant'Ambrogio, ce sont
vraiment des Prussiens.

— Si on les délogeait de la maison?

Aussitôt dit, aussitôt fait. Vive la République!
Vive la France! Vive l'Italie! Vive Garibaldi! —
Accompagnés de mille clameurs, Sant' Ambrogio
et moi, tenant nos chevaux par la bride, nous
partons au pas de course, suivis d'une foule
d'hommes de bonne volonté. On arrive à la porte
de la maison sans tirer un coup de fusil. Une
décharge meurtrière nous accueille; on entend

le gémissement de quelques hommes qui tombent et le froissement des fusils qui s'entrechoquent.

Nous ne pouvions entrer qu'en abandonnant nos chevaux.

Enfin un brave garçon de la légion Tanara entre le premier en criant :

— *Viva Garibaaaaldi !* — Au rez-de-chaussée, quelques pauvres diables de soldats sont rapidement et assez inhumainement égorgés. Les décharges continuent des fenêtres du premier étage et les nôtres ripostent.

Nous trouvant ainsi entre deux feux, nous jugeâmes prudent de nous esquiver à l'aide des ténèbres.

Je rejoignis la masse qui rentrait à Dijon et j'admirai le sang-froid de l'officier prussien, qui pour donner le temps de ramasser les morts et blessés de sa troupe, avait eu le courage de rester, après la perte de la bataille, jusqu'au milieu du camp victorieux.

CHAPITRE XII.

Les habitants de Dijon ne pouvaient pas croire
que la visite des Prussiens fût retardée d'un jour.
Leur joie momentanée était mêlée de crainte. Ils
pensaient que demain ils verraient le vainqueur
traîner insolemment le sabre sur les pavés des
rues. Et cependant l'enthousiasme et l'admiration de ces braves gens étaient à leur comble.

Les boutiques et les maisons demeurèrent
ouvertes toute la nuit pour abriter et nourrir les
soldats qui auraient eu besoin de l'hospitalité
des habitants.

— Oh ! les braves garçons ! le brave général ! —
entendions-nous les bourgeois crier sur notre
passage.

Avec Sant' Ambrogio je rejoignis Menotti au
quartier général. Le plancher de l'antichambre
était littéralement couvert d'officiers qui dormaient étendus par terre, ayant pour oreillers

les coussins de soie préfectorale. C'était un concert de ronflements variés depuis le miaulement du chat jusqu'au souffle de l'éléphant. Dans la chambre voisine, Garibaldi, avec ses fils et le colonel Canzio, veillait en leur donnant ses ordres, en mangeant du pain et du fromage et buvant de l'eau à peine rosée par un peu de vin.

Il était sérieux et calme, comptant sur le succès de la seconde journée qui devait être le complément de la victoire.

Les événements lui donnèrent raison.

Pendant que nous rentrions lentement dans Dijon, épuisés par cette terrible journée, les ambulances descendaient de la ville sur le champ de bataille.

Les premières étaient celles de Mme Mario et du docteur Musini, de la légion Tanara. En arrivant aux maisons elles sont reçues par une fusillade. Le cocher qui était à côté de Mme Mario a la poitrine traversée par une balle et tombe. Mme Mario ramasse les guides et, sans s'occuper d'un feu endiablé, fouette et entre dans le camp prussien. Au milieu des coups de fusil elle fait reconnaître les ambulances et

passe la nuit parmi ces soldats furieux, désespérés de leur défaite et assez habitués à ne
pas respecter la convention de Genève. Elle se .
multiplia avec cette activité fébrile qui la caractérise dans les moments de danger quand
on a besoin de son secours.

A combien de malheureux ne sauva-t-elle pas
la vie cette nuit-là ! Son exemple fut d'ailleurs
imité par une foule de personnes et toute la nuit
on vit de braves sœurs de charité, des dames de
Dijon parcourir les champs avec des lanternes
pour chercher les blessés.

Touchant et triste spectacle que celui de la
longue procession de brancards et charrettes
transportant une foule de victimes qui devaient
trouver la mort dans la victoire.

En ville nous apprîmes le secret de la mollesse avec laquelle on avait défendu Fontaine.
Le général Bossack, qui commandait les troupes,
était mort ou prisonnier. Pour entraîner les
mobiles hésitants, il s'était avancé avec trop de
témérité et n'était pas revenu.

Pauvre Bossack ! on a toujours ignoré les détails de sa mort. Son cadavre, totalement dé-

pouillé, fut retrouvé sous le village de Daix; il avait donc pénétré jusqu'à deux kilomètres au milieu du plus épais des phalanges ennemies. Je voudrais énumérer tous les amis qui périrent dans cette cruelle journée et leur accorder à chacun une parole de regret. Hélas! la liste serait longue.

Sant' Ambrogio fut expédié à Talant et j'eus, devant rester avec mon général, part au plancher de l'antichambre. Après m'être procuré aussi du pain, du fromage et du vin, j'allai joindre ma note sonore au concert des ronfleurs.

Bientôt un officier arriva en toute hâte nous dire que Talant devait être occupé par l'ennemi, parce qu'un chariot de munitions y avait été accueilli à coups de fusils. On avait tué un hussard et un guide.

— Diable! et qu'est devenu Sant' Ambrogio?

— On l'aura probablement tué aussi.

— Impossible, les nôtres sont à Talant.

— Mais cependant...

Nous nous levâmes tous en bouclant nos ceinturons garnis du sabre et du revolver. Menotti m'ordonna de monter sur la route de Talant et de lui rapporter des nouvelles pendant que Ricciotti envoyait de grosses patrouilles en reconnaissance.

C'était un quiproquo tombant mal à propos pour moi. Le bien vient en dormant, dit-on.

Le proverbe eut tort ce soir-là.

Ayant donc fait seller ma bête par un chasseur, je pris le chemin du village.

Un officier d'artillerie chargé de porter des munitions à Talant et d'échanger des pièces de douze démontées par le feu ennemi, au lieu de prendre le chemin de gauche qui est le plus court, avait choisi la route de Paris, plus longue mais moins raide. Il ne savait pas que les Prussiens avaient laissé un avant-poste dans les dernières maisons au pied de Talant. Accueilli là par une forte fusillade, il avait dû reculer, pensant que le village tout entier était au pouvoir de l'ennemi.

Quant à moi, ne sachant rien, j'allais avec une extrême prudence dans les ténèbres, maudissant le sol glacé sur lequel les fers du cheval produisaient le bruit des castagnettes d'une danseuse espagnole et tenant serré mon sabre pour l'empêcher de battre bruyamment les flancs de la bête. De temps à autre quelque coup de fusil partait isolé des avant-postes.

— Au diable les maladroits! pensais-je en m'avançant toujours.

Une décharge part des maisons occupées. Cela ne me regardait pas. J'étais à environ un kilomètre de ces maisons. Quelques balles mortes vinrent tomber de mon côté avec un lugubre miaulement.

Un retentissant *qui vive?* m'arrête tout à coup.

Je réponds un *France!* qui dut monter au troisième ciel.

— Caporal, caporal! s'écrie la même voix! Caporal! les Prussiens! — et puis *boum* un coup de fusil.

Maudits mobilisés! ils n'en font jamais d'autres! Je continue à crier en m'égosillant : — *France! France! France!* — tout le poste me salua avec des coups de fusil. Je sautai à bas de mon cheval et tenant celui-ci par la bride, je m'aplatis contre un petit mur en attendant que ce malencontreux feu de file eût cessé.

Enfin je choisis un moment de calme pour essayer de me faire reconnaître. A peine avais-je recommencé à crier : *France! Garibaldien!* que la fusillade reprit de plus belle. La sentinelle s'était repliée sur le poste.

— Allez au diable! et je retournai pour raconter l'aventure au général. Je savais d'ailleurs ce que je voulais, c'est-à-dire que la route de Talant était gardée par nos troupes.

Il paraît que le mobilisé avait cru que j'invoquais saint François ou que j'appelais quelque camarade du nom de Franz, mais le moment était mal choisi pour expliquer à ces naïfs et féroces soldats leur erreur (1).

A la préfecture je retrouvai tout le monde sur pied. Le général, malgré sa fatigue, était monté en voiture pour se porter au point menacé. Les officiers étaient tous à cheval.

Pendant que je portais la nouvelle, l'erreur de l'officier d'artillerie s'expliqua.

(1) L'anecdote est très vraisemblable et l'explication des plus plausibles. L'auteur ne nous dit pas s'il parle le français sans accent. Pour peu qu'il ait prononcé *France* à l'italienne, le mot sonne à l'oreille exactement comme le *Franz* allemand. La bévue de la sentinelle peut donc se justifier.

Les deux dernières maisons de Talant étaient encore seules occupées par l'ennemi que le général ne voulut pas déloger ce soir-là, se réservant de l'écraser le lendemain avec de la mitraille, s'il s'obstenait à rester.

Plus heureux que moi, le major Vivaldi Pasqua put, sans être empêché par les mobilisés revenus à de meilleurs sentiments, arriver à Talant et y reprendre les pièces démontées.

Ce maudit avant-poste prussien occasionna plus d'une erreur. Je raconterai celle dont furent victimes quelques mobiles des Basses-Pyrénées, Basques pur sang, ne sachant du français que certains mots pour demander à boire et manger, dire merci et jurer un peu.

Logés, avant la bataille, dans les maisons au pied de Talant, le soir, au lieu d'obéir à leurs officiers et de remonter la côte, ils voulurent descendre, espérant trouver un bon souper chez les habitants. En effet, ils entrèrent sans obstacle dans la salle du rez-de-chaussée d'une des maisons. Quel ne fut pas leur étonnement en voyant un Prussien endormi au coin du feu!

Ils s'approchèrent et le frappant sur l'épaule :

— Prisonnier! dirent-ils doucement.

Le Prussien qui s'éveille répond : — Vous prisonniers! — et à son appel accourut de la salle voisine une vingtaine de compagnons qui entourent et désarment les pauvres Basques surpris du singulier souper qui les attendait.

Cependant au quartier général tout le monde s'était recouché sauf le major Gattorno, qui, étant de service, sommeillait sur une chaise.

A deux heures Mme Mario vint annoncer que les Prussiens s'étaient retirés, en évacuant même les deux dernières maisons, si bien qu'elle pouvait circuler librement avec ses ambulances.

Ensuite vinrent deux messieurs. L'un s'annonça comme le maire de Dijon et l'autre le général P...

Il vaudrait mieux, pensions-nous, laisser dormir le général qui doit avoir tant besoin de se reposer.

Malgré les objections de Gattorno, ils insistèrent si bien que Garibaldi et ses fils se levèrent.

Les nouveaux venus furent introduits. Le maire

présenta un membre du conseil municipal de
Dijon, lequel assura venir du camp ennemi,
chargé, dit-il, par le général prussien d'annoncer que si l'armée n'évacuait pas Dijon on bom-
barderait la ville, Talant et Fontaine, et que
l'on brûlerait tous les villages voisins. Le maire
suppliait Garibaldi de se retirer pour éviter de
telles représailles.

Le général P... joignit sa demande à celle du
maire. Ce dernier était dans son rôle ; mais était-
ce celui d'un général !!

Garibaldi congédia doucement les officiers
municipaux, puis s'adressant avec sévérité au
général : « Comment osez-vous troubler le repos
d'un vieillard accablé de fatigue, après une journée de bataille et de victoire, pour lui conseil-
ler une lâcheté (1) ! »

Il tança vertement aussi l'intendant qui, le
matin, par mesure de prudence, avait fait évacuer tout le matériel de Beaune.

— Ah ! par prudence vous nous laissez cro-

______

(1) Il est juste de dire que le gouvernement de la Défense nationale enleva au général P... son commandement et le rappela
à Bordeaux.

ver de faim? Eh bien, faites revenir à toute vapeur ce que la prudence vous a fait renvoyer.

Le reste de la nuit il travailla avec Ricciotti.

Au petit jour, il était déjà en voiture pour visiter tous les avant-postes.

Daix même était évacué.

Sur la route de Paris on préparait des tranchées; on fortifiait Fontaine; on accumulait les munitions et des patrouilles étaient lancées de tout côté pendant que les officiers réunissaient leurs effectifs.

Le commandement de la brigade Bossack fut confié au colonel Canzio.

En un mot, profitant de la tactique pédante et compassée de l'ennemi dont nous connaissions la lenteur, on réparait les pertes de la veille. Du pain et du vin furent abondamment distribués aux soldats, qui n'en avaient pas eu le jour précédent.

Sachant que la journée ne se passerait pas sans une attaque plus violente et plus obstinée, nous étions, dès huit heures du matin, prêts à la soutenir.

Après avoir, avec Menotti, suivi le général

13.

dans sa tournée, nous rentrâmes à Talant où l'on se mettait activement en mesure de soutenir le combat.

Les francs-tireurs d'Oran et les Francs-Comtois nous arrivèrent comme renfort.

Ils furent mis en première ligne avec les *Francs-tireurs réunis* sous les ordres du brave colonel Lhoste.

Vinrent ensuite les mobiles des Basses-Pyrénées. Le succès inespéré de la veille avait rempli d'enthousiasme nos excellents Basques.

A Talant même on plaça les Basses-Pyrénées et les Alpes-Maritimes ; enfin nos légions italiennes si maltraitées la veille se tenaient prêtes à courir sur tous les points menacés.

Pendant la nuit on avait fait courir le bruit que Menotti était blessé. Aussi, sur notre passage, fut-il accueilli avec de grands vivats.

Je trouvai, à notre quartier général, nos collègues qui avaient passé une assez mauvaise nuit sur les maigres matelas des sœurs. Celles-ci nous avaient préparé le déjeuner en dignes hôtesses, comprenant que se battre le ventre vide est une mauvaise chose.

Un de nous fut envoyé avec une bonne lunette d'approche pour découvrir le terrain et observer les mouvements de l'ennemi ; mais un brouillard épais empêchait de voir quoi que ce fût dans la vallée et sur les hauteurs voisines.

Ce fut alors que Menotti commanda au colonel Lhoste d'avancer avec ses *Francs-tireurs réunis* jusqu'à la ferme de Changey, au pied du village de Daix, avec l'ordre de ne pas attaquer mais de repousser l'attaque en cas de besoin.

Le colonel, brave officier plein d'entrain qui s'était déjà distingué pendant la campagne, descendit dans la vallée et y rencontra un gros corps d'ennemis. Il ouvrit aussitôt un feu très vif. La fusillade, d'abord circonscrite à un point, gagna de proche en proche et s'étendit sur toute la ligne. Les ennemis, comme par enchantement, couronnèrent les hauteurs et inondèrent les vignobles situés au-dessous. Il était onze heures, et le combat durait depuis une heure, sans résultat appréciable pour l'un ou l'autre parti.

Le brouillard nous empêchait d'employer l'artillerie ; c'était un désavantage pour nous,

mais un large nuage gris voilait également
pour l'ennemi nos forces et les positions par
nous occupées.

Chargé d'aller à Dijon prévenir le général,
je trouvai celui-ci en train de communiquer au
préfet sa confiance parfaite dans l'issue de la
journée. Je pus saisir au vol quelques lambeaux
de phrases.

— Voyez-vous, disait-il, les alarmistes, les
gens pusillanimes font plus de mal à la France
que les ennemis eux-mêmes. Ce sont eux qui,
désespérant du succès, prêchent l'inutilité de
la résistance, annoncent la marche infaillible
de colonnes imaginaires et conseillent des lâche-
tés pour éviter les représailles.

Il faisait certainement allusion aux conseillers nocturnes.

J'annonçai au général que l'on se battait de
notre côté.

— Je le savais, dit-il, et j'allais à Talant.

Il partit en voiture, au grand trot de ses chevaux, suivi par son état-major à cheval. La
foule, qui l'attendait au passage, le salua avec
un enthousiasme convaincu. Quand nous sor-

tines de la ville une brise fraîche balaya un coin du ciel et, à travers le brouillard, un rayon de soleil éclaira les armes des troupes et les galons des officiers qui entouraient la voiture.

— Heureux présage, général !

Il sourit à ces mots que je hasardai, et je piquai des deux pour annoncer son arrivée à Menotti.

Le ciel se déblayait toujours et la bataille était à son apogée.

Les Francs-Comtois, les francs-tireurs d'Oran et quelques compagnies de mobiles des Basses-Pyrénées furent envoyés pour soutenir les combattants. L'ennemi, profitant du brouillard, s'était emparé de positions avantageuses et foudroyait la vallée du fond de laquelle ripostaient les nôtres.

Les projectiles arrivaient jusqu'à nos batteries et nous étions impatients de voir se dissiper ce maudit brouillard, afin de pouvoir utiliser nos pièces.

Le général arriva au moment où le soleil commençait à éclairer toute la scène. D'un bosquet en face, les obus arrivaient très meurtriers pour les

nôtres. Nos pièces furent braquées sur ce point.
Au commandement de Menotti à l'officier d'artillerie, quatre violents coups de canon ébranlent l'air. Fontaine fait feu à son tour. Un vi-
goureux hourrah de nos troupes répond aux
détonations. On ne saurait croire combien le
tonnerre de l'artillerie amie donne confiance
au soldat.

Quelques Italiens épars derrière Talant et
désireux de prendre part au combat, quittent
furtivement leurs postes et vont se mêler aux
francs-tireurs des premières lignes. Les compagnies des Basses-Pyrénées abritées derrière les
murs des vignobles, comme corps de réserve,
s'ébranlent à leur tour et courent à l'ennemi.
Menotti ne voulait pas engager tant de troupes
à la fois, car il fallait en conserver qui fussent
fraîches au moment où l'attaque deviendrait
plus violente. Il m'envoya pour faire rétrograder tous ces soldats qui, de mauvaise grâce,
reprirent leurs positions.

L'effet de nos premières décharges fut magique. Le bosquet, rempli de tirailleurs ennemis,
se trouva complètement balayé. Le colonel

Lhoste, le commandant Cruchy des franc-tireurs d'Oran, le capitaine Maillié des Francs-Comtois, firent sonner la charge.

C'est un moment solennel que celui qui précède l'attaque à la baïonnette. Nous ne nous apercevions même plus des projectiles qui tombaient tout autour de nous, tant nous regardions avec anxiété cette masse d'hommes qui, sans riposter par un seul coup de feu, montaient au pas de course le long de la colline.

Les Prussiens, voyant le danger, mettent deux pièces en position et font un feu enragé, ce qui n'empêche pas les nôtres de continuer à courir.

— Voilà le moment de les appuyer, dit Menotti, et il me donne l'ordre de faire marcher les mobiles des Basses-Pyrénées, que ceux des Basses-Alpes remplaceront dans leurs positions.

Le colonel Lhoste tombe frappé à mort, sans que ses soldats s'arrêtent. Un capitaine et Baghino prennent le commandement du bataillon. Les cris de « Vive Garibaldi! » montent jusqu'à Talant, d'où, impassible, le général suivait les phases de ce combat acharné.

Bien que molestés par notre artillerie, les

Prussiens se massent sur la hauteur qu'ils tournent à notre droite; protégés par la colline, maîtres de Daix et de la ferme de Changey, ils cherchent à s'emparer de la route; celle où la veille la lutte avait été la plus vive, où Bossack, avec tant d'autres, avait perdu la vie.

Se voyant menacés par le flanc, les nôtres hésitèrent un peu. Dans les charges à la baïonnette les moindres hésitations sont fatales. Pendant que l'ennemi se ranime, l'assaillant, encore inoffensif, reste exposé à tous les coups. Quelques-uns des nôtres commencèrent à rétrograder, en se mettant à l'abri des petits murs, puis tous, lentement, il est vrai, et sans confusion, imitèrent cet exemple. En somme, la charge était manquée; mais nous ne perdions pas un pouce de terrain.

Sur toute la ligne, des deux côtés, le feu de mousqueterie reprend avec intensité. Nos troupes, profitant des accidents de terrain, le soutiennent sans broncher. Les cartouches manquent. On envoie des chariots et les provisions sont renouvelées. Après un moment de repos, officiers et soldats ont compris qu'il faut, coûte

que coûte, s'emparer des hauteurs, et ils deman-
dent à les réattaquer.

Plus fortement appuyés, protégés par les
batteries de Fontaine, ils s'élancent de nouveau
sur la pente. Deux zouaves, venus de l'armée
de l'Est, s'étaient rattachés aux francs-tireurs.
Ils portaient le guidon de leur compagnie. Se
mettant à la tête de la troupe et criant, pour
animer les camarades, que Garibaldi les regarde
du haut de Talant, ils courent et arrivent les
premiers, suivis de quelques hommes, au sommet de la colline. Un instant après, ils sont
rejoints par la masse et, cette fois, les Prussiens
sont obligés de fuir à toutes jambes. Ils disparaissaient derrière la crête de la colline, les
baïonnettes des franc-tireurs dans les reins.
Plusieurs se rendent en levant la crosse en l'air. Ils
prennent les routes de Sainte-Seine, de Hauteville
et de Is-sur-Tille. Afin de protéger la retraite,
ils placent quelques pièces d'artillerie légère
sur les hauteurs de Hauteville; bientôt ils les
enlèvent, pour éviter de se les faire prendre. Le
succès avait enivré nos hommes. Les ennemis qui
serraient notre droite du côté de la ferme de Chan-

gey, s'enfuirent à Daix et de Daix à Hauteville, en laissant beaucoup de morts et de blessés.

On les poursuivit longtemps. En vain eût-on cherché un Allemand dans un rayon de dix kilomètres.

A trois heures nos bataillons revinrent chargés de casques, de fusils à aiguille, en ramenant quelques prisonniers.

La victoire était complète. Les plus importantes positions nous appartenaient. L'ennemi avait évacué Plombières aussi bien que Pâques, Prenois et Lantenay.

— Ils reviendront demain avec des forces supérieures, dit Garibaldi, mais ils reviendront par la plaine car ils sont fatigués de se casser le nez contre Talant.

La prophétie du général était exacte. C'est par la plaine qu'eut lieu l'attaque furieuse, pour ainsi dire désespérée, du 23.

Nos pertes, quoique graves, furent bien moins importantes que celles de l'ennemi, qui laissa beaucoup de morts et de blessés le long des routes, épars dans les vignobles et les broussailles.

L'effet moral sur les Dijonnais fut énorme. Avec la troisième brigade dont la moitié seule avait donné, à force de courage et d'obstination chez le soldat, de prévoyance et de sang-froid chez les chefs, nous avions battu en peu de temps un ennemi beaucoup plus nombreux que nous, en le débusquant de ses fortes positions.

Aussi toute la population acclama-t-elle Garibaldi quand il rentra en ville.

Ce fut un vrai triomphe. De Talant nous pouvions entendre les clameurs lointaines de la foule.

Tandis que nous déplorions de ne pouvoir nous reposer à Dijon et nous payer un bon petit dîner à la Cloche, retenus que nous étions en quarantaine dans notre nid d'aigle, un télégramme arriva pour Menotti.

Son père lui enjoignait de venir le rejoindre de suite pour recevoir des ordres.

Nous allions nous mettre à table et notre repas se composait d'un bouilli qui semblait en caoutchouc et d'un peu de fromage.

— Quel sera l'heureux mortel choisi pour accompagner le général?

Celui-ci sourit, comprenant notre anxiété, et s'adressant à moi :

— Capitaine Fortunio, voulez-vous venir?

Je ne me le fis pas répéter.

Oh Dijon! que la ville était belle au milieu des pesants chariots pleins de munitions, au milieu de la foule bruyante, des soldats, des chevaux, des cavaliers qui s'entre-croisaient en tous sens, porteurs d'ordres ou revenant des avant-postes. Il y avait une indicible allégresse!

La population rassurée commençait à compter sur nous ; sa sympathie nous vengeait amplement des injures de la presse réactionnaire.

Deux jours de bataille et deux victoires, les premières, les seules de la campagne! A la préfecture, nous trouvâmes le général occupé à donner des ordres pour la défense de Dijon, qui, du côté nord et nord-est, est protégé seulement par de légers accidents de terrain.

Il faisait préparer des tranchées, percer des meurtrières dans tous les murs, toutes les maisons, décidé à se défendre jusqu'à la dernière extrémité.

A droite de Fontaine il y a une petite élévation appelée Mont-Chapet; il y établit une batterie. Plus à droite, court le petit torrent de
de Pouilly, et au nord-est, le petit village de
Suzon, puis arrive le château Saint-Apollinaire.

Dans ces deux endroits on plaça les batteries
et l'on fortifia les maisons. On envoya comme
avant-postes des gros corps de mobilisés, mais
ne pouvant pas compter sérieusement sur eux,
le général les fit soutenir par les deux brigades
Ricciotti et Canzio. Ce dernier avait le commandement provisoire de la brigade Bossack qui,
n'eut presque rien à faire le lendemain.

Quand il eut ainsi paré à toutes les éventua-
lités, le général se coucha plein de bonne humeur et surtout de confiance, assuré désormais
de la bonne tenue de ses troupes et de la valeur
de ses officiers.

Menotti remonta aussitôt à Talant, en me per-
mettant toutefois de dîner gaiement avec mes
amis.

Je le rejoignis ensuite; mais cette nuit encore,
il me fallut veiller à cause des fausses alertes
causées par les mobilisés.

CHAPITRE XIII.

Reprenons les positions. A Talant, Menotti ; à Fontaine, la brigade Bossack privée de son chef ; sur notre extrême droite, les brigades Canzio et Ricciotti, quelques bataillons épars de mobilisés en avant ; les autres par derrière, tenaient les hauteurs inattaquables de Bel-Air, au delà de l'Ouche.

Le jour s'était levé avec l'accompagnement obligé de brouillard ; il était plus dense que la veille.

Nos reconnaissances avaient signalé de fortes colonnes ennemies qui, descendues jusqu'à Ahuy, ne prenaient pas, comme les jours passés, la route de Hauteville à Daix, mais celle qui, sur leur gauche, rejoint la route de Langres. Était-ce une feinte, ou bien, vraiment lassés de leurs insuccès à Fontaine et Talant, voulaient-ils attaquer Dijon par la plaine ?

En tout cas, chacun était à son poste : les artilleurs aux pièces, les bataillons aux positions
voulues.

Les heures s'écoulaient et le brouillard ne se
dissipait pas. On voyait des chasseurs rentrer
après avoir essuyé le feu des patrouilles ennemies et d'autres hommes sortir pour l'essuyer
à leur tour ; mais aucune information précise.
L'ennemi marchait avec lenteur et circonspection. Tandis que, pleins d'anxiété, nous attendions que le brouillard se dissipât, lui-même
ne pouvait guère attaquer avec un pareil ban-
deau sur les yeux.

Onze heures sonnaient aux tours de Dijon
quand souffla une bise violente et glacée.
Comme par enchantement, les nuées de vapeurs,
s'envolant à tire-d'aile, découvrirent les vallées
et les collines dorées par le soleil. A peine quelque petit nuage retardataire planait dans le
ciel avant d'aller rejoindre au loin la masse de
vapeurs. On eût dit un lever de rideau à la
Scala.

Avec nos longues-vues nous voyions les colonnes ennemies marcher compactes à notre

droite par la route de Langres, tandis que de faibles détachements faisaient semblant d'occuper Daix pour réattaquer Talant.

— Ceci n'est qu'une démonstration pour nous tromper, dit Menotti. Courez ventre à terre dire à mon père que l'on va attaquer Pouilly.

Le général était averti déjà et je le trouvai sortant en voiture. Il vint d'abord à Talant pour mieux découvrir le terrain et sonder les intentions de l'ennemi.

Il n'y avait plus à douter. C'était bien par la route de Langres que l'attaque avait lieu. Les batteries de Mont-Chapet, Pouilly, Talant et Fontaine commencèrent à tonner, et les batteries ennemies vomirent aussi leur feu.

Au galop de ses chevaux, Garibaldi descendit de Talant pour se porter sur le théâtre de l'action; en attendant, nous massions des forces sur la route de Daix afin d'être en mesure de nous défendre dans le cas où le général prussien eût tenté une diversion de ce côté-là.

Sur la route de Langres avait lieu une scène de sang et de carnage.

Un bataillon de mobilisés, en première ligne,

avait, dès le début de l'attaque, après un simu-
lacre de résistance, fui en désordre, répandant
partout le découragement et l'alarme.

Les Prussiens, enhardis par ce facile succès, se
lancèrent en masses serrées à la poursuite des
fuyards. Mais Ricciotti occupait une ferme où ils
rencontrèrent une résistance inattendue.

Ricciotti s'étant barricadé dans cette ferme,
décidé à se faire écraser plutôt que de se rendre, vomissait un feu d'enfer par les fenêtres,
les meurtrières, de derrière les murs et du haut
des toits.

Mais aux premiers assaillants tombés succé-
daient plus serrés, plus opiniâtres, de nouveaux
ennemis.

Tout à l'entour grondaient les pièces d'artillerie ; c'était une musique infernale.

Mais si opiniâtrement que tînt Ricciotti, si
meurtrier que fût son feu, l'ennemi avait in-
vesti les deux tiers des bâtiments de la ferme,
et sans un prompt secours, il ne pouvait pro-
longer la résistance.

Le colonel Canzio, derrière les maisons d'un
autre corps de ferme, à quelques centaines de

mètres de celle où Ricciotti se défendait avec un tel acharnement, faisait feu sur l'ennemi; toutefois il ne connaissait pas la situation désespérée de Ricciotti. Ce fut un franc *cavalier* de Châtillon qui put courir lui annoncer le danger où se trouvait la quatrième brigade.

Il n'y avait pas de temps à perdre. On disait Riccioti prisonnier.

Que faire? Risquer le tout pour le tout, mais sauver Ricciotti.

En racontant les épisodes de cette journée, on se croit en plein Arioste, car les actes de bravoure désespérée des chefs ont quelque chose de vraiment romanesque.

— Chargeons à la baïonnette! hurle Canzio, en mettant le sabre à la main; et il s'élance suivi de tous les siens : le bataillon Perla, les Égyptiens, les Espagnols, et, au pas de course, sous une grêle de balles, il prend le chemin de la ferme.

L'exemple est imité par tous, indistinctement, tant l'héroïsme du chef devient contagieux. Aux cris de « Vive Garibaldi! vive la République! » ces quelques centaines d'hommes arrivent

comme un ouragan en face de l'ennemi. A ce
secours inespéré, les soldats de Ricciotti re-
prennent courage. Un feu plus terrible que jamais s'ouvre contre les bataillons prussiens qui
tombent fauchés par la mort comme le blé
sous la faux du moissonneur; les cadavres s'ac-
cumulent autour de la ferme comme des rem-
parts de corps humains.

Devant le feu combiné des nouveaux venus
et celui de Ricciotti les masses ennemies sont
rompues. Les Prussiens commencent à hésiter,
à faiblir. Un moment d'interruption en pareil
cas est toujours dangereux; car cette incerti-
tude redonne du courage à l'ennemi et la liberté
d'action, le sang-froid aux tirailleurs, qui com-
battent sans être inquiétés.

Les Prussiens reculèrent lentement en ripos-
tant au feu d'abord et bientôt la retraite se
convertit en déroute.

Alors l'issue de la bataille ne fut plus douteuse.
L'exemple des braves électrise les mobiles. Garibaldi, arrivé sur le lieu de l'action, met en
ligne de nouvelles troupes. Les pièces démontées par l'ennemi sur la route ne servent plus,

mais les autres batteries continuent à gronder avec fureur.

On vit même un bataillon de *mobilisés* de Saône-et-Loire s'avancer en bon ordre en rase campagne pour y soutenir le feu comme de vieilles troupes.

L'artillerie ennemie ne répond plus que faiblement. De temps à autre, quelques bataillons frais essaient de regagner le terrain perdu. En approchant de nos tirailleurs ils se débandent et se retirent en désordre.

Du haut de Talant, nous assistions à cette lutte furieuse, désolés de ne pouvoir secourir nos amis avec notre artillerie.

Menotti m'envoie sur la route de Hauteville pour m'assurer que de ce côté il n'y avait aucun retour offensif à craindre. Apprenant que les bataillons qui, le matin, avaient fait une démonstration par là, s'étaient retirés, le général envoya sur la gauche de la route de Langres, c'est-à-dire à notre droite, les francs-tireurs d'Oran, les Francs-Comtois et les Francs-tireurs réunis. Ils devaient prendre l'ennemi en flanc dans le cas où celui-ci aurait regagné du terrain.

14.

Les légions italiennes furent également éche-
lonnées de façon à attaquer si les nôtres pliaient.

Menotti et le capitaine Druon descendirent en
même temps que moi. La nuit venait et sur
toute la ligne continuait une vive fusillade.
D'après les coups de feu nous suivions la marche
rétrograde de l'ennemi et les progrès de nos
hommes. Le général fait occuper, par les francs-
tireurs d'Oran, un bois sur la gauche de la
route pour envoyer les derniers saluts à l'ennemi,
qui décidément bat en retraite. Il m'ordonne
aussi d'aller annoncer à son père que nous
tenons la gauche au delà du torrent de Suzon.

Espérant abréger et épargner du temps, je
me mis au trot en pleine campagne, mais ne
trouvant aucun pont sur le torrent, je dus
rentrer en ville par la porte la plus voisine et
sortir par celle de Langres.

Ah! quel spectacle présentait la route!

A peine avais-je franchi la porte que je rencontrai les ambulances servies par les médecins
et les habitants, bondées de blessés.

Plus loin, des gardes nationaux dijonnais,
des hussards, des francs-cavaliers de Châtillon

gardaient la route pour empêcher les mobilisés fuyards d'entrer en ville, et répandre l'alarme comme ils l'avaient fait le matin..

Plus loin encore, les affûts de canons brisés par les projectiles ennemis, puis la longue file de cadavres tirés sur les bords de la route pour éviter l'encombrement. Enfin j'arrivai à la ferme qui avait été, pour ainsi dire, le point central de la bataille. Le feu y continuait mais lent et faible. Le général, un des plus exposés, y donnait avec calme les ordres nécessaires.

La victoire était certaine. Quelques décharges n'étaient que le salut des corps de réserve poussés en avant pour protéger la retraite.

Tout autour de la ferme il y avait des montagnes de morts et de blessés; dans les cours on ne faisait que charger sur les chariots et les brancards les victimes encore vivantes de cette effroyable boucherie.

Autour de la voiture du général, officiers et soldats se pressaient pour le voir, obtenir un mot, une pression de main... Tout à coup éclate une fusillade qui semble dirigée contre le général. Aussitôt on se masse pour l'abriter et une

compagnie de francs-tireurs court vers le point
d'où sont partis les coups de feu. Le désordre
qui naît si facilement dans l'obscurité se met
parmi nous.

Voilà ce dont il s'agissait. Quelques Prussiens, pendant le combat, s'étaient réfugiés dans
un fossé et, séparés des leurs par la retraite, ils
espéraient, sans doute, échapper à la faveur
des ténèbres. Voyant des soldats approcher et se
croyant découverts, ils avaient fait feu presque
à bout portant en menaçant le général, autour
duquel passèrent plusieurs balles qui blessèrent
quelques soldats.

Ces Prussiens furent-ils pris, purent-ils s'é-
chapper ou allèrent-ils rejoindre leurs frères
dans l'éternel sommeil? je l'ignore.

— Tu sais que nous avons pris un drapeau?
me dit un ami pendant que je m'appro-
chais du général pour exécuter les ordres
reçus.

On a fait sur ce drapeau des récits si fantas-
tiques, il a provoqué tant d'attaques insensées
de la part du public et des journaux hostiles,
que je vais raconter purement et simplement

l'histoire telle qu'elle est, et l'on verra comment le drapeau tomba entre nos mains.

Quand, au début de la journée, les Prussiens mirent les mobilisés en déroute, à la tête des régiments ennemis se trouvait le 61ᵉ infanterie qui essuya le terrible feu des francs-tireurs de Ricciotti.

Avec une extrême valeur ce régiment résista jusqu'au bout, même quand la brigade Canzio arrivait à la rescousse.

Le porte-étendard était dans les premiers rangs. Il tomba bientôt; un autre ramassant le drapeau fut tué à son tour, et l'on vit à plusieurs reprises tour à tour relevée et flottante, puis gisant à terre, cette bannière ennemie qui finit par disparaître.

C'est là que dans la chaleur de l'action, s'accumulaient les cadavres; l'on crut que l'ennemi en se retirant avait sauvé le drapeau.

Le fait est que, le soir, un bataillon essaya de le reconquérir, il fut repoussé et le malheureux drapeau, qui avait coûté si cher à ses héroïques protecteurs, demeura enseveli sous une montagne de cadavres et de blessés. Alors un franc-tireur, qui avait suivi les péripéties de la journée, alla extraire le drapeau tout ensanglanté sous le monceau de morts et de blessés qui le couvraient. Il le remit à son capitaine pour que celui-ci le portât à Ricciotti.

Voilà l'histoire véridique. Je ne sais où les journaux sont allés pêcher leurs racontars. Nous avions un drapeau, un drapeau pris à l'ennemi, le seul pendant la campagne; l'on put montrer aux Dijonnais ce sanglant trophée qui avait, de part et d'autre, coûté tant de vies humaines.

Je rejoignis à Mont-Chapet mon général qui disposait les avant-postes. Quoiqu'il ne m'interrogeât pas, je pus le rassurer sur le sort de ses proches.

La nuit était déjà avancée quand, avec mon général et le capitaine Druon, nous entrâmes dans la cour de la préfecture.

CHAPITRE XIV.

Après la journée du 23 l'ennemi se tint tranquille. Il s'était retiré sur notre droite, à Dôle imprudemment abandonné par Cremer, de sorte que les Prussiens, en l'occupant, purent couper la retraite à Bourbaki et se placer entre son arrière-garde et notre propre armée.

Il était impossible à Garibaldi de poursuivre l'ennemi, d'abord parce que, en quittant Dijon, nous laissions le chemin du Midi sans obstacle et les Prussiens auraient pu tranquillement arriver à Lyon : en second lieu, parce que notre armée, malgré les 20.000 mobilisés que l'on y avait ajoutés, n'était pas en état de prendre sérieusement l'offensive. Vingt mille bouches à nourrir, mais vingt mille hommes ne pouvant tenir en ligne, dépourvus d'équipages, de train, mal commandés et armés de vieux fusils à percussion ! C'était insensé !

Nous ne pouvions donc que protéger Lyon, qui, grâce à nous, ne reçut pas la visite de l'ennemi, et, en même temps, essayer de reprendre Dôle pour rendre à Bourbaki sa liberté d'action.

Les 24, 25 et 26 furent employés à réorganiser notre armée fortement éprouvée par trois jours consécutifs de combats. Ils furent aussi consacrés au souvenir des compagnons tombés sur le champ d'honneur.

Au milieu des revues, des manœuvres, de l'incessant va-et-vient des troupes, incessamment aussi, passaient les chars funèbres portant au cimetière les victimes qu'accompagnaient les amis et beaucoup d'habitants. Pour combler les vides il y eut des promotions; les élus durent penser que bientôt peut-être ils disparaîtraient à leur tour pour faire place à d'autres.

Les funérailles du général Bossack furent solennelles; je vis plus d'un compagnon revenir les yeux humides; on ne pleurait pas seulement Bossack; on se rappelait les nombreux amis descendus aussi dans la tombe.

L'ennemi, en se retirant, dégageait notre

gauche, mais de Dôle il pouvait menacer la droite et inquiéter l'armée de Bourbaki sur ses derrières. Ce mouvement nous commandait un changement de front. Le 27, à Talant et Fontaine, les mobilisés reprenaient notre poste, et notre brigade, traversant la ville, se reportait à l'Est par la route d'Auxonne et de Dôle, sur une vaste et belle vallée. Nous y occupâmes Mirande, petit village à trois kilomètres de Dijon. Notre vie aventureuse de reconnaissances et d'expéditions partielles recommença alors.

Le colonel Lhoste était moribond à la suite de sa blessure. Les Francs-tireurs réunis élurent Baghino pour le remplacer. Ce fut à lui que Garibaldi confia la périlleuse et délicate mission de pousser jusqu'à Dôle.

Je vais répondre aux accusations de ceux qui nous ont blâmés de ne pas avoir secouru l'armée de l'Est. Ils n'ont qu'à suivre le récit des événements.

Notre quartier général était dans le château de Mirande qui avait abrité le général prussien. Rien de plus triste que cette splendide habitation vouée à l'abandon, ces mille objets futiles et luxueux, dans les riches salons, couverts de poussière et jetés en désordre par terre; ces portraits d'ancêtres souillés, ces vitres cassées, ces portes arrachées et la grande pendule de bronze marquant impassible les heures!.,. Le froid avait repris avec une cruelle intensité; les énormes bûches et les débris de persiennes ne parvenaient pas à réchauffer les glacières où nous passions la nuit à terre, sur les restes de matelas qui avaient servi aux Prussiens. Nous y grelottions en claquant des dents; singulier contraste avec les dorures et les sculptures des plafonds et le mobilier régencé qui nous entourait! Nous avons envié l'humble chaumière avec le bon poêle de fonte qui abritait le soldat chez les paysans.

Mais les Prussiens ne nous laissèrent pas longtemps nous morfondre dans ce triste séjour.

Le 29 au matin, les chasseurs envoyés en reconnaissance nous annoncèrent qu'une forte colonne prussienne venait du côté de Mirebeau.

Vite à cheval! Ordre de concentrer à Mirande toutes les troupes éparses dans les villages voi-

sins. A Couternon il y avait la brigade Ravelli
sur la route de Couternon à Quétigny où était
cantonnée la légion Tanara ; les Francs-Comtois
avaient poussé vers Mont-Roland et Dôle, où,
rencontrant l'ennemi, ils avaient dû se replier.
Nous n'avions pas de nouvelles des francs-tireurs
d'Oran qui marchaient vers le Jura, parallèle-
ment au major Baghino. En résumé, il ne nous
restait de troupes légères que les Italiens et
un petit bataillon de Francs-Comtois; enfin
les mobiles et mobilisés, parmi lesquels ceux
des Basses-Pyrénées, étaient solides. On n'osait
guère compter sur les autres, surtout en rase
campagne.

De Mirande à Montmusard il n'y a guère que
2 kilomètres, sur lesquels s'aligna notre brigade, prête à soutenir l'attaque.

Le général Menotti s'était porté à la batterie
de Montmusard qui domine la vallée et attendait l'ennemi pour le canonner.

Les autres brigades étaient sous les armes.
Ricciotti, à Longvic, marchait pour prendre
l'ennemi en flanc ; à droite, Canzio avec la brigade Bossack et la cinquième qui, fondues en-

semble, n'en formaient plus qu'une seule, la première.

Le temps s'écoulait et nos tirailleurs n'avaient pas aperçu un uhlan; pas un seul coup de fusil n'avait troublé le silence profond de la vallée.

L'ennemi s'était donc arrêté ou bien il rétrogradait.

On m'envoya à Dijon près de Garibaldi. Il était environs trois heures; je rencontrai le colonel Canzio avec ses officiers; ils allaient lentement vers le quartier général. Sur un signe j'arrêtai le galop de ma bête.

— Je suis étonné, dis-je, de vous voir à pied et si insouciants.

— Il est inutile de courir sur le pavé, au risque de te casser le cou. Le gouvernement, vient de conclure un armistice. Un télégramme en apporte la nouvelle.

Je m'arrêtai brusquement.

— Est-ce vrai?

— Très vrai.

Au quartier général la nouvelle fut confirmée. L'armistice c'était la paix, une paix ignomi-

nieuse.... Adieu le cher espoir des succès pro-
chains... (1).

Jetant au feu ma correspondance, pleine
d'illusions et d'espoir, je retournai à Montmusard où le télégraphe avait annoncé la nouvelle fatale. Une voiture, avec drapeau parle-
mentaire, sortait de Dijon. Notre chef d'état-
major allait porter au général prussien le télégramme de Favre.

On le connaissait et voilà pourquoi l'ennemi
s'était arrêté en chemin. Partout des courriers
furent expédiés pour prévenir les francs-tireurs ;
nos troupes rentrèrent dans leurs cantonnements
et nous retournâmes pour la dernière nuit à
Mirande.

On connaît le texte du télégramme de Favre,
qui nous vendait nous et l'armée de l'Est comme
des troupeaux de moutons.

Ainsi il nous livrait pieds et poings liés, sans

(1) Ici et dans les pages suivantes, il y a beaucoup de doléances
et d'imprécations contre le gouvernement qui a traité avec
l'ennemi. Il serait peut-être intéressant de les traduire, en raison de la vivacité des sentiments exprimés ; ils reflètent fidèle-
ment l'opinion du moment dans le parti auquel appartenait
l'auteur. Mais de pareilles récriminations ont perdu toute sa-
veur d'actualité.

15.

même nous en prévenir et nous donner le moyen de nous sauver si faire se pouvait. Garibaldi consterné, mais ne désespérant pas encore du salut de la France, dictait un ordre du jour laconique en disant aux soldats de profiter du malheureux armistice pour se perfectionner dans le maniement des armes et s'aguerrir.

Le lendemain des ordres furent envoyés pour le cantonnement des troupes. Les adjudants et fourriers préparèrent partout des logements. Le 31, quittant Mirande, l'état-major de notre brigade s'installait dans une belle maison de Dijon où, ineffable bonheur! il y avait des lits garnis de draps blancs!

Le lendemain, à neuf heures, je me sentis violemment secoué.

— A bas! hors du lit! les Prussiens s'avancent! me crie Sant'Ambrogio.

Je crus que c'était une mauvaise plaisanterie de mon collègue (je dis *collègue*, parce que la veille j'avais été promu au grade de chef d'escadron), mais il ne badinait pas.

— Eh bien, et l'armistice? dis-je.

— Quel armistice?

— Tu veux rire.

— Habille-toi vite. Tu verras si je ris.

J'obéis, et mettant la tête à la fenêtre, je vis nos chevaux sellés et tenus en main par les ordonnances.

— Mais, Sant' Ambrogio, dis-moi vraiment si l'armistice est rompu.

— Non, puisqu'il n'a pas existé pour nous. En sont exclus les départements de la Côte-d'Or, du Doubs et du Jura.

— Eh bien?

— Eh bien, les Prussiens, plus nombreux que jamais, arrivent de Mirebeau. Paris a capitulé; il n'y a plus d'armée de la Loire, celle de l'Est s'est jetée en Suisse; Cremer vient d'échapper avec peine, suivi de deux ou trois officiers de son état-major. La seule armée restant à la France est la nôtre.

— De sorte que nous voilà en cage; merci! Et que deviennent nos compagnons à Mont-Rolland et à Saint-Jean-de-Losne? Prisonniers probablement? Ah! maudit Favre (1)!

(1) On comprend très bien l'indignation et la fureur des

Une demi-heure ensuite je galopais avec mon général, vers la batterie de Saint-Apollinaire où nous avions la légion Ravelli; sous Fontaine, une légion de mobilisés. Des mobiles des Alpes-Maritimes occupaient Mirande, ceux des Basses-Pyrénées et des Basses-Alpes étaient sous Dijon. Mais, pour nos pièces, nous n'avions aucun officier d'artillerie; le poste était commandé par un sergent. Les officiers, ne sachant rien, dormaient tranquillement en ville.

On télégraphie à Garibaldi que l'ennemi est en vue et on lui expédie un courrier.

Nous vîmes une grosse colonne s'avancer tranquillement sur la route. L'ennemi croyait certainement nous surprendre sans défense.

Nos quatre pièces sont servies par les huit

Garibaldiens exclus de l'armistice. Mais d'après leur propre aveu, la France n'ayant plus pour soldats que la poignée d'hommes dont ils font partie, la résistance n'était-elle pas une insigne folie? L'ennemi imposait des conditions fort dures. Il fallait les subir sous peine de les rendre plus rigoureuses encore. Entre les plaintes de l'auteur et l'énumération qu'il fait de nos forces à l'époque de l'armistice, il y a donc une contradiction choquante.

Les succès brillants, mais partiels, de l'armée des Vosges, n'empêchaient pas la situation générale d'être désespérée pour tous.

artilleurs qui restent dans la batterie. Menotti
fait lui-même l'office de pointeur; et comme
l'ennemi s'avance toujours, il s'écrie :

— Armistice ou non, il faut tirer.

Et il me fait signe de commander le feu.

Je transmets l'ordre au sergent. Deux coups
de canon, puis deux autres retentissent.

L'exemple de notre batterie est suivi par les
autres et sur toute la ligne commence une
violente canonnade.

L'ennemi, voyant qu'il a mal calculé, se re-
tire sur Varois pendant que les officiers accou-
rent à leur poste et qu'arrive l'artillerie légère.

On comprend la surprise des habitants de Dijon. On fait courir le bruit que Garibaldi a re-
fusé de reconnaître l'armistice; d'autres crient
à la trahison des Prussiens. Favre était le seul
traître !

Les Francs-Comtois furent envoyés à Mirande
où, un instant avant que nous ne tirions le canon,
un fait significatif montra comme quoi nous
ignorions absolument les conclusions du traité
de Versailles.

L'officier commandant le dernier poste vit

une grosse patrouille ennemie marcher sur Mirande. Il alla à sa rencontre, désarmé et suivi de ses soldats qui l'étaient également, il dit à l'officier prussien qu'il eût à observer les conditions de l'armistice.

— Pour vous, lui répondit-on, il n'y a pas d'armistice.

Et on le fit prisonnier avec ses hommes.

Si notre canon n'avait pas donné l'alarme, Mirande eût été pris sans coup férir.

On prit des dispositions pour fortifier tous les points menacés, les garnir de troupes afin de tenir l'ennemi à distance. J'ignore combien de fois, pendant cette journée, je fus expédié de Mirande à Saint-Apollinaire, à Dijon et à Montmusard. Le fait est que j'étais exténué.

Nous comprenions la tactique de l'ennemi. Sans attaquer sérieusement, il faisait quelques démonstrations hostiles pour provoquer notre résistance, et gagnant ainsi du temps, nous boucher toute issue à une marche de nuit. De son côté, le général, tout en feignant de répondre aux attaques, faisait prendre, en silence, toutes les dispositions pour une retraite.

Il était important que les soldats et les habitants l'ignorassent : les soldats, pour qu'ils fussent fermes en cas d'attaque sérieuse ; et les habitants, pour qu'un espion ne pût rapporter au
camp ennemi quelles étaient nos intentions.

Menotti m'ordonna de transmettre cette décision à tous les chefs de corps, afin qu'ils eussent
à se tenir prêts.

Le mouvement devait commencer à sept heures
du soir ; mais les avant-postes ne seraient relevés
qu'après l'évacuation complète de Dijon et après
que le lourd et important matériel serait écoulé
sur les routes de Beaune et de Pont-de-Pany.

La retraite commençait déjà avant que les
soldats eussent deviné quoique ce fût. L'insuffisance des chevaux pour le transport de l'artillerie dont plusieurs pièces devaient être mises
sur les chemins de fer, amena quelques embarras. Ainsi, il y eut des corps dont le départ s'effectua à l'heure prescrite, mais ce fut en abandonnant le matériel.

Le général avait décidé que la première
brigade partirait par la route de Beaune, la
troisième par celle de Pont-de-Pany et la qua-

trième par celle de Saint-Jean-de-Losne. Cette voie, qui faisait côtoyer l'ennemi, était la plus dangereuse; cependant des troupes légères, même surprises et coupées, pouvaient s'échapper à travers bois et le long des nombreux chemins qui la croisent. Garibaldi partit par le dernier train pour Beaune. La légion Ravelli et celle des mobilisés se mit en route vers les huit heures, conformément aux ordres reçus. Il ne resta donc pour nous protéger que la légion Tanara sur la route de Mirebeau. Encore allait-elle partir avant d'avoir mis l'artillerie en sûreté si je n'avais été envoyé par le général pour arrêter sa marche. Il était onze heures; les chevaux n'arrivèrent qu'assez tard. Enfin la légion put entraîner les canons.

Seul et dernier, avec quatre chasseurs, j'assistai au départ des pièces qui filaient au galop. Le mouvement s'était fait avec tant de calme et de précision que l'ennemi ne s'aperçut de rien.

Il s'agissait maintenant de nous mettre en sûreté dans le département de Saône-et-Loire en évitant de nous faire prendre. A la station, sur

la route de Plombières, je trouvai Menotti attendant l'arrivée des dernières pièces; nous
avions cinq batteries de 12 et une batterie de
mitrailleuses. Celle de montagne nous avait précédés et nous attendait, paraît-il, à Plombières.

Les bons habitants de Dijon, que nous avions
appris à aimer, assistaient tristement à notre
défilé et criaient sur notre passage : Vive la République! Vive Garibaldi!

A Plombières, pas de nouvelles de la batterie.

— Major, me dit le général, prenez six chasseurs, retournez à Dijon et ne revenez qu'avec des
nouvelles positives sur la direction prise par la
batterie de montagne. Dépêchez; je vous attends
ici.

Brisé de fatigue, me tenant à peine sur mon
cheval, je partis plein de dépit; j'avais la certitude que la batterie était en route et que l'officier était parti en l'escortant, sans nous attendre
ou nous prévenir. Mais ce n'était qu'une certitude morale. Les preuves matérielles manquaient.

La ville était silencieuse comme un tombeau;
plus un soldat, plus un cheval, plus un chariot.

Quelques groupes de citoyens dans les rues, ou
sur les places nous accueillaient au cri de : *Vive
Galibardi!*

La préfecture était déserte ; de rares habitants
regardaient les fenêtres sans lumière, avec une
sorte d'hébétement, comme s'ils n'eussent pas
voulu croire au nouveau malheur qui menaçait
la ville.

— Tout le monde est parti? demandai-je à
un bourgeois.

— Oui, tout le monde. Nous sommes trahis!
Maudit Favre!

La batterie, comme je le pensais bien, nous
avait précédés.

Deux heures sonnaient quand je sortis de la
ville. Devant le dernier café ouvert, le pas de
nos chevaux attira quelques citoyens.

— Nous croyions, dirent-ils, que c'étaient déjà
les maudits. — Un verre de cognac et un : *Vive
Garibaldi!* furent le dernier salut qui nous
vint de la capitale bourguignonne, la charmante
ville de Dijon, dont je conserverai éternelle-
ment le plus cher souvenir.

Enfin, après deux jours de fatigues excessives

et de grandes anxiétés, nous arrivions sains et
saufs dans Saône-et-Loire.

. . . .

Après le désarmement général, qui n'eut pas
lieu sans difficultés et amena quelques mutine-
ries, il fallut se séparer.

Menotti partit pour Paris, d'autres pour Cham-
béry et Neufchâtel ; et moi je pris la route de
Marseille, après les derniers adieux au général
que nous avions tant appris à apprécier et aimer, et aux amis, compagnons de fatigues et
de périls.

Partout je trouvai un accueil sympathique,
quand on sut que j'avais appartenu à l'état-major de Menotti.

Voici Lyon, Marseille, Nice, Monaco la capitale du trente-et-quarante, la belle Menton,...
puis un grossier douanier met sens dessus des-
sous malles et valises... Nous voilà en Italie et là
finit mon histoire.

J'ai voulu, dans les pages précédentes, cons-
tater que Garibaldi n'eut jamais sous ses ordres
plus de six mille hommes sur lesquels on pût

compter; que l'inaction apparente, après l'attaque de Dijon, lui fut imposée par la situation misérable de sa petite armée dépourvue de cavalerie, d'artillerie, de bons fusils et d'équipements. Je voulais aussi démontrer que notre chef eût pu, des mobiles, vrai troupeau de moutons au début de la campagne, faire d'excellents soldats, noyau de la future armée de résistance.

Je désirais enfin vous donner une idée des francs-tireurs, institution peu connue et mal comprise en Italie. Ce sont des corps indépendants dans les détails d'une campagne; mais qui sous la haute direction d'un général intelligent, peuvent, mieux que toute autre troupe, défendre le pays envahi, garder une armée, faire la police militaire et exécuter les plus importantes reconnaissances.

Voilà ce que j'ai essayé de démontrer. Si je n'ai pas réussi, que l'on jette mon livre au feu.

FIN.

BIBLIOTHEQUE NATIONALE

SERVICE DES NOUVEAUX SUPPORTS

58, rue de Richelieu, 75084 PARIS CEDEX 02 Téléphone 266 62 62

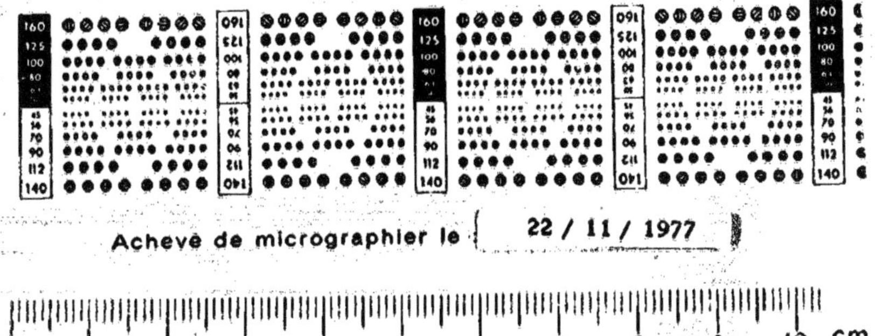

Achevé de micrographier le { 22 / 11 / 1977 }

Défauts constatés sur le document original